200°C

100g

10g

400g → ≈ 1 lb of rice

El libro de la paella y de los arroces

Libro práctico y aficiones

Lourdes March

El libro de la paella y de los arroces

El libro de bolsillo
Gastronomía
Alianza Editorial

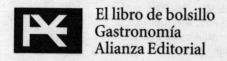

Primera edición en «El libro de bolsillo»: 1985
Duodécima reimpresión: 1996
Primera edición en «Área de conocimiento: Libro práctico y aficiones»: 1998
Cuarta reimpresión: 2003

Ilustraciones: Antonio Santurio
Fotos: Alejandro Pradera

Diseño de cubierta: Alianza Editorial

Calle Juan Ignacio Luca de Tena, 15;
28027 Madrid; teléfono 91 393 88 88
www.alianzaeditorial.es
ISBN: 84-206-3861-7
Depósito legal: M. 38.779-2003
Compuesto en Fernández Ciudad, S. L.
Impreso en Fernández Ciudad, S. L.
Printed in Spain

Nota inicial

La cocina, además de una forma de cultura, es un arte que, como otros muchos, requiere dedicación, amor, creatividad e imaginación.

Como valenciana, he sentido siempre una especial predilección por este tema del arroz, inagotable por sus recursos gastronómicos y apasionante, cuando se investiga en él, por sus siglos de Historia.

Hace años empecé a recopilar en mis cuadernos de cocina, recetas familiares y tradicionales que, con distintos matices de interpretación, se preparan en los pueblos y ciudades de la Región Valenciana.

Después, mis experiencias como profesora en una escuela de cocina y como colaboradora en programas de radio y televisión, me decidieron a enseñar a mis alumnos y oyentes, explicándoles minuciosamente, paso a paso, todas las recetas, desde las proporciones de los ingredientes y los tiempos de cocción, hasta el recipiente apropiado para cada una de ellas.

Este libro sobre *La paella y los arroces* está escrito pensando en ayudar a las personas que, con más o menos experiencia, quieren aprender a cocinar el arroz, dándole ese «punto» que es la clave del éxito. Espero y deseo que así sea.

LOURDES MARCH

Historia del arroz

El origen del arroz, en estado silvestre, según distintos investigadores, parece centrarse en el sudeste asiático.

Como planta alimenticia se sabe que empezó a utilizarse, probablemente, 3.000 años a.C. El consumo de este alimento se propagó después desde el sudeste asiático y desde la India hacia China.

Posiblemente fueron los chinos quienes, con su indiscutible habilidad, empezaron a cultivar el arroz de una forma rudimentaria. En la literatura china, 2.800 años a.C. se menciona que el Emperador Ching-Nong publicó un edicto por el que reservaba, para sí mismo, el derecho exclusivo de presenciar la ceremonia sagrada de la siembra del arroz.

«Una cocina sin arroz —dijo Confucio —es como una mujer hermosa a la cual le faltara un ojo.»

En el museo histórico de Pekín se conserva el primer ideograma representativo del arroz glutinoso destinado a la fabricación del alcohol de arroz y de este ideograma han derivado los caracteres «Tan» (arroz pegajoso) y «Tao» (arroz ordinario).

Curiosamente, en chino y en japonés, las palabras que expresan «comida» son las mismas que significan «arroz».

Desde hace más de dos mil años, en el ritual de entronización de los emperadores de Japón, el heredero, ataviado con la túnica blanca de ceremonial y en completa soledad, realiza la ofrenda de la primera cosecha de arroz a los dioses del cielo y de la tierra para pedir paz y prosperidad para su pueblo.

Desde China el arroz fue introducido en Corea, en Japón y en Filipinas.

La extensión del arroz al Asia occidental se produjo, sin duda, bajo el imperio persa.

Los griegos, en el año 320 a. de C., como consecuencia de la invasión de la India por Alejandro Magno, conocen la existencia de este cereal al que llaman «Oriza», término quizás derivado de «Arruzz» (Al-ruza), de origen lingüístico dravídico.

La expansión del cultivo del arroz debida a los árabes fue mucho más importante ya que, desde el siglo IV a. de C., lo introdujeron en Egipto y en la costa oriental de Africa y, posteriormente, lo llevaron consigo a Marruecos y a España cuando invadieron la Península Ibérica en el año 711.

De esta forma se implantó en la cuenca mediterránea el cultivo del arroz asiático, y la palabra árabe «ar-rozz» permanece en nuestro vocabulario a través del tiempo.

El arroz ha desempeñado siempre un papel importante en las ceremonias civiles, sociales y religiosas de muchos pueblos orientales e, incluso, fue moneda de intercambio en varios países de Asia, puesto que deudas, obligaciones feudales, impuestos y hasta salarios se pagaban con arroz.

Como dato curioso podemos señalar que la costumbre casi universal de echar arroz a los recién casados parece que proviene de una antigua práctica religiosa hindú, que lo consideraba símbolo de fecundidad.

Referencias histórico-gastronómicas

En la época romana, Apicio, en sus «Diez libros de cocina», citaba el arroz llamándole «sucus orizae» y lo describía como un almidón desleído en agua. También Plinio, hablando sobre el arroz, compara la infusión de este cereal (el agua de arroz) «que preparan las gentes de la India» —según dice— con la tisana de cebada que conocían los romanos de su tiempo.

La palabra «arroz» aparece por primera vez escrita y documentada en castellano en el año 1251 en la traducción del libro «Calila e Dinna» que manda hacer el entonces infante D. Alfonso (Alfonso X el Sabio). El *Manuscrito Anónimo del siglo XIII* sobre la cocina hispano-magrebí, traducido por Huici y Miranda, incluye numerosas recetas de este cereal, preparado en la mayoría de ellas con leche y azúcar o miel.

En escritos de la cocina francesa, se menciona un «arroz con leche de almendras y canela», que se sirvió en una comida ofrecida por san Luis (rey de Francia), a la que asistió santo Tomas de Aquino. En el «Libre de Sent Sovi» del año 1324 encontramos también una fórmula similar a ésta.

Posteriormente el arroz empieza a mezclarse con otros alimentos no dulces y se prepara con menudillos cocidos y caldo; es el «morterol», precursor del «morteruelo» manchego.

Los recetarios europeos medievales y renacentistas nos dan la fórmula del «manjar blanco», plato exquisito de aquella época, compuesto de una mezcla de arroz con pechugas de gallina o capón, azúcar, almendras e incluso agua de azahar.

En el 1520, en el «Libre del coch», uno de los tratados de cocina más antiguos de la Península Ibérica, encontramos la receta de un «Arrós en cassola al forn» («arroz al horno en cazuela»), que es muy similar al actual arroz con costra.

Juan de Altimiras, fraile franciscano, en su libro «Nuevo Arte de Cocina», de 1745, nos ofrece sus fórmulas para preparar una «anguila con arroz» y «arroz con leche de almendras».

Las referencias histórico-gastronómicas sobre el arroz van siendo más numerosas a medida que nos acercamos a nuestro tiempo y la variedad de combinaciones culinarias que este cereal permite, hace posible que, a través de los años, continúe ampliándose felizmente su recetario.

Cultivo de la planta

El arroz es el cereal más cultivado en el mundo, después del trigo, y sigue siendo el alimento básico de muchas poblaciones asiáticas y un alimento habitual en otros muchos países.

Es una planta anual del género Oriza que crece en muy diversos medios desde los 50 grados de latitud Norte hasta los 40 grados de latitud Sur.

El aspecto de la espiga es similar a la de otros cereales, pero su cultivo es uno de los más complicados y difíciles.

Los arrozales precisan del levantamiento de unos pequeños diques rodeando los campos, a fin de que el agua pueda permanecer estancada en ellos, así como el establecimiento de una serie de compuertas para desecar la tierra o inundar las parcelas en el momento oportuno.

El agua, en la que el arroz crece inundado, constituye el factor de equilibrio térmico indispensable para almacenar el calor solar durante el día y aprovecharlo en el transcurso de la noche.

Para desarrollarse, la planta necesita calor abundante y temperatura uniforme, puesto que las semillas germinan a partir de los 12°. Las flores aparecen cuando la temperatura ambiente alcanza como mínimo los 22° y la posterior granazón se efectúa por encima de los 19°, necesitando del 50 al 80% de humedad durante el día y del 80 al 100% por la noche.

Otro factor importante en el cultivo del arroz es la luz solar, que por medio de la función clorofílica fija el carbono que luego se transformará en hidratos.

El arroz necesita unos 140 días despejados para su maduración; se siembra en primavera y se recolecta entre septiembre y octubre.

Después de la trilla, el arroz cáscara que en el momento de la recolección contiene más del 20% de humedad, es sometido a desecación en secaderos mecánicos o simplememe al sol.

Para hacer comestible el arroz hay que descascarillarlo, despojando a los granos de la cobertura que los protege y pasándolos varias veces entre dos muelas de molino que van quitándoles el salvado de las capas superficiales y, en consecuencia, blanqueándolos.

El grano de arroz

Para una mejor comprensión del comportamiento del arroz durante su cocción, es conveniente conocer, aunque sea en forma muy simplificada, la estructura del grano.

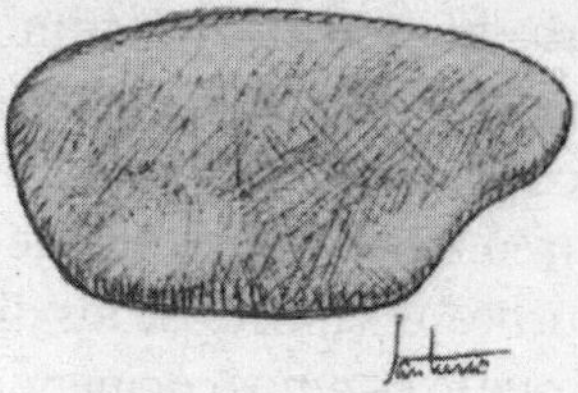

Grano de arroz crudo

Para explicarlo y resumirlo, en términos comprensibles, se puede decir que el grano de arroz se compone de tres partes distintas:

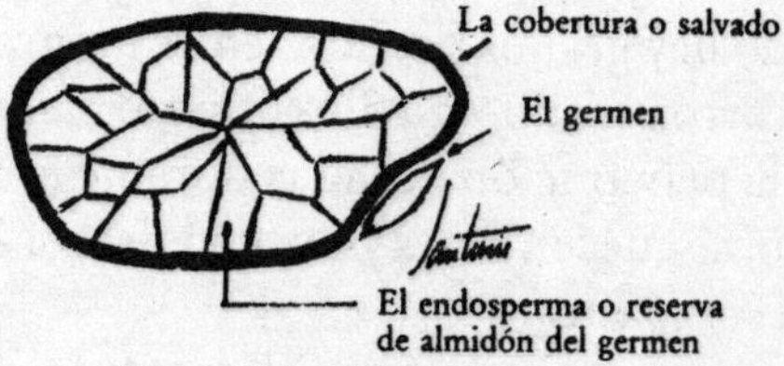

Estructura del grano de arroz

La parte exterior del endosperma, que llamamos salvado, es más rica en elementos nutritivos (vitaminas y sales minerales).

El germen se elimina en los primeros procesos de elaboración.

El endosperma contiene, en su mayor parte, almidón y también algunas vitaminas y sales minerales.

El grano de arroz, una vez quitada la cáscara no comestible o cascarilla, queda como un grano de color oscuro parecido al integral y, una vez pasado por las distintas fases de pulido en el proceso industrial del molino o arrocería, pierde la capa oscura y queda como el arroz blanco que consumimos normalmente.

Cuando estos granos de arroz se cuecen correctamente y quedan enteros, el almidón que está dentro de las células absorbe los sabores de los distintos ingredientes con los que lo estamos cocinando. Pero si estos mismos granos los pasamos de cocción o los rompemos removiendo durante la ebullición, el arroz se convierte en una masa pegajosa, perdiendo su sabor.

A esto le llamamos arroz «empastado» o «pasado» y se reconoce fácilmente al verlo, aun sin probarlo.

Cuando hay granos partidos entre los granos enteros del arroz crudo, aquéllos ofrecen menos resistencia a la penetración del agua durante la cocción, por tanto, se cuecen antes y pueden provocar igualmente el «empaste».

En los granos de arroz hay elementos tan interesantes como el fósforo, que facilita el trabajo intelectual, y el potasio, que calma los nervios y facilita la relajación muscular.

El arroz contiene poco sodio y puede formar parte de los alimentos de un régimen sin sal. Al contener pocas proteinas y poco calcio es el complemento ideal para platos de carne, huevos y leche. Se digiere con facilidad y no tiene gluten.

Las calorías por cada 100 gramos de arroz blanco son 363.

El arroz integral y también el «vaporizado» o «parboiled» son muy ricos en vitamina B1 (o Tiamina) y B2 (o Riboflavina).

El descubrimiento de las propiedades curativas del salvado de arroz, salvó la vida de innumerables personas enfermas de beriberi.

Posteriormente, los científicos identificaron la sustancia vivificante en la capa externa del grano y la llamaron Tiamina o vitamina B1. En las dietas terapéuticas el arroz se ha utilizado para el control de las diarreas y otros problemas digestivos.

Un remedio popular para el tratamiento de las molestias del resfriado ha sido el agua de arroz con cáscara de limón, junto a la aplicación de cataplasmas de arroz que permiten mantener el calor, en este caso, en la zona torácica.

El arroz tiene además otras muchas ventajas: su precio es asequible, se puede preparar de innumerables formas; acompaña muy bien a las carnes, pescados, mariscos, verduras, frutas, etc., y permite economizar, aprovechando algunos alimentos que a veces no se utilizan adecuadamente.

Variedades y calidad

Existen actualmente en el mercado diferentes clases y tipos de arroz, con propiedades muy distintas entre sí, que el consumidor debe conocer y saber utilizar.

Entre los arroces de mayor consumo en España están: a) arroz de grano medio o semilargo (tipo japónica) con una longitud media comprendida entre 5,2 y 6 mm apropiado para la elaboración de arroces en paella, al horno, en cazuela o puchero y para postres o bebidas de arroz.

b) Arroz de grano corto o redondo (tipo japónica). Sus granos tienen una longitud media igual o inferior a 5,2 mm., siendo la relación largo/ancho inferior a 2.

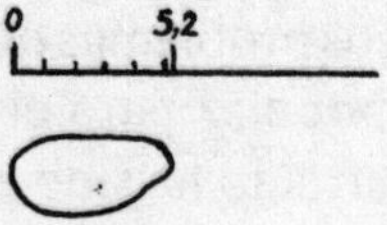

Arroz de grano medio (ampliado)

c) Arroz de grano largo (tipo índica), con una longitud media igual o superior a 6 mm absorben menos agua, se cuecen en menos tiempo y son más indicados para arroces blancos con acompañamiento de distintos ingredientes o simplemente como guarnición.

Otros arroces son los integrales, de un color oscuro y sabor característico. Normalmente, en nuestro país, son de grano medio; conservan una gran cantidad de las vitaminas y sales minerales que se encuentran en el arroz; requieren una cocción lenta y prolongada (45 minutos) y absorben, por tanto, más agua.

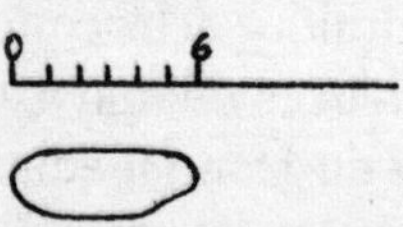

Arroz de grano largo (ampliado)

Los arroces «vaporizados» o «parboiled», se encuentran en el mercado, tanto en grano medio como en grano largo. Tienen un ligero color tostado por el tratamiento especial al que han sido sometidos y reúnen unas especiales características quizás poco conocidas todavía.

Las recetas de arroces tradicionales pueden elaborarse también con arroz vaporizado de grano medio, aumentando la proporción de caldo, el tiempo de cocción y el reposo.

Igualmente los arroces blancos pueden elaborarse con arroz vaporizado de grano largo (Herba) cociéndolo con 5 medidas de agua por cada medida de arroz, durante 25 minutos. No es necesario pasarlo por agua fría.

Estos arroces «sancochados», que deberían llamarse también «vitaminados», tienen las cualidades de los arroces normales y casi la riqueza en vitaminas del arroz integral y además no se empastan y se pueden recalentar.

Por el tratamiento previo a que se someten se impregnan menos de los sabores, y tienen una textura distinta al comerlos.

Su proceso de elaboración, en el molino o arrocería, consta de una primera fase de remojo del arroz con cáscara, en agua a 90°, que hace que el grano se impregne de las sustancias nutritivas que están debajo de la cascarilla, sometiéndose posteriormente a un proceso en autoclave, cuya presión fija esas sustancias al grano.

Después, estos arroces pasan por el descascarillado y pulido, similar al de los arroces normales, pero conservan las vitaminas y sales minerales (del salvado) que han absorbido y son las que le dan ese ligero color tostado.

Estas sustancias forman además una especie de capa protectora que evita que los granos se apelmacen.

El tratamiento que reciben en la arrocería se conoce internacionalmente como «parboiling» o «sancochado» y se ha venido utilizando rudimentariamente en países de Asia y África desde hace muchísimos años. Este procedimiento les permitía descascarillar el arroz con más facilidad, mantener su sabor natural y evitar que, después de un tiempo de cocinado, se volviera pegajoso.

Todas estas ventajas eran muy apreciadas por los campesinos que trabajaban lejos de sus casas o en lugares donde escaseaba la leña para cocinar y llevaban así preparado su alimento básico.

Volviendo al tema general de los arroces, conviene saber, para identificar mejor las diversas calidades que se encuentran en el mercado, que, según la legislación vigente se admiten tres categorías (Extra, I y II) para el arroz blanco cuando se trata de arroces redondos y semilargos y dos categorías (Extra y I) para los arroces largos y para el arroz sancochado o «parboiled».

La categoría EXTRA lleva etiqueta roja y la proporción de granos enteros que contiene está por encima del 92%.

La categoría I lleva etiqueta verde y la proporción de granos enteros debe ser, como mínimo, del 87%.

La categoría II lleva etiqueta amarilla y la proporción de granos partidos o defectuosos puede llegar al 19% y en consecuencia los granos enteros estarán alrededor del 80%.

La calidad culinaria de un arroz depende, en buena parte, de su composición química. A más Amilosa, mejor calidad y a más Amilopectina, peor respuesta a la cocción.

Dicho de otro modo, la calidad está en relación con su comportamiento durante la cocción; los factores más importantes son:

— resistencia a que se abra el grano,
— cantidad de agua que absorbe
— cantidad de sólidos cedidos al agua de la cocción,
— resistencia al empaste,
— ha de tener pocos granos defectuosos o partidos
— y sensación agradable al paladar.

Grano bien cocido

La variedad «Bomba» es de tipo japónica y perlada. Es de grano corto, sin embargo, al cocer se alarga mucho y apenas ensancha. Posee un detalle característico y es que su grano cocido no se abre longitudinalmente, como en la mayoría de las variedades, sino que se expande «en acordeón» y crece en extensión, con un aumento de longitud de dos a tres veces la del grano crudo. No se empasta después de cocido y presenta una consistencia y sabor agradable.

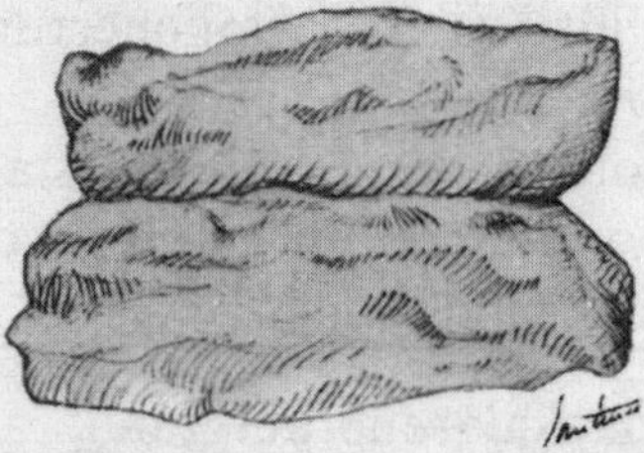

Grano pasado de cocción y abierto

Cuando la cocción del arroz, de grano corto, medio o largo se prolonga más de lo necesario, el grano se ablanda en exceso y suele estallar longitudinalmente.

Por este motivo son tan importantes:

La proporción adecuada de agua o caldo con el arroz.

El tiempo de cocción según la clase de arroz.

La forma de llevar la intensidad del fuego durante la cocción.

Quienes deseen, pues, obtener excelentes resultados, en la cocina del arroz, deben cuidar al máximo estos detalles y además procurar que los ingredientes sean todos de calidad.

Formas de cocinar el arroz

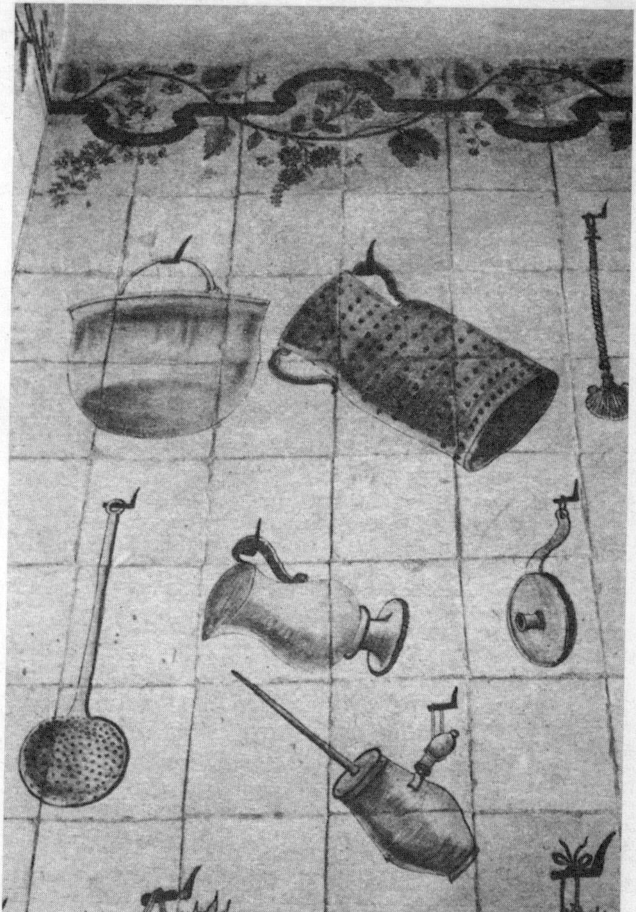

La técnica y los trucos para cocinar los arroces en paella

Los arroces secos en PAELLA: Paella valenciana, arroz a la marinera, arroz a banda y otros muchos, se cocinan en el utensilio llamado PAELLA, lo recalco porque se llama así y NO «paellera» este recipiente redondo y amplio de metal, con dos o más asas, que tiene mucha base y poco fondo, para que el arroz cueza en extensión, no en altura, y tengan cabida y puedan cocerse previamente con holgura todos los ingredientes que lo acompañan.

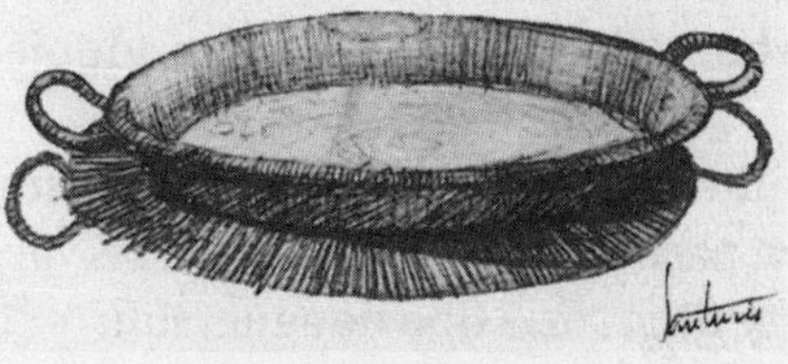

Los diámetros aconsejables de las paellas según el número de personas para quienes se va a cocinar, es el siguiente:

para 2-3 personas	30 cm
para 4-5 personas	40 cm
para 6-8 personas	50 cm
para 10 personas	55 cm
para 12 personas	60 cm
para 15 personas	65 cm

Para cocinar paellas más grandes hay que tener ya mucha práctica y por consiguiente, creo que éstas personas no necesitan orientaciones de este tipo.

Un detalle interesante que conviene saber es, que, cuando se va a utilizar por primera vez una paella, para evitar que el arroz adquiera un sabor metálico, es necesario fregarla con vinagre y arenilla, enjuagar y volver a fregar normalmente con agua y jabón. Incluso es conveniente cocer un poco de arroz con agua, tirarlo y volver a fregar con jabón, enjuagar y secar.

Cuando se limpia la paella después de utilizarla normalmente no se debe untar con aceite para guardarla, sino con HARINA, de este modo absorbe los restos de humedad, no se oxida y no adquiere sabor a rancio.

En cuanto a las proporciones por persona, para arroces en paella, teniendo en cuenta las variaciones por la clase de arroz o tipo de agua, son:

100 gramos de arroz de grano medio - 1/4 de litro largo de caldo. O sea: por cada medida de arroz de $2^{1}/_{2}$ a 3 medidas de caldo.

Un truco: conviene tener siempre en reserva caldo caliente para añadirle al arroz durante la cocción, en caso necesario.

Como normas generales, conviene saber que:

El arroz NO DEBE LAVARSE.

El arroz debe echarse en el recipiente cuando el caldo está hirviendo.

Si la receta requiere que el arroz se sofría previamente, el caldo que se le añade debe de estar hirviendo.

Una vez echado el arroz, hay que repartirlo, siempre con una cuchara de madera y avivar el fuego para restablecer rápidamente la ebullición, y el arroz YA NO SE DEBE REMOVER.

Conviene mantener el fuego vivo durante los primeros 8-10 minutos y disminuirlo gradualmente a medida que avanza la cocción. El tiempo de cocción de estos arroces está entre los 18-20 minutos y siempre debe cocer destapado.

A partir de los 16 minutos de cocción debe probarse el punto del grano y retirarlo del fuego cuando está todavía firme al diente, es decir, cuando haya desaparecido la dureza del núcleo central pero aún se note cierta resistencia al masticarlo o presionarlo entre los dedos.

Un truco: en el caso de que nos quedemos sin caldo y los granos de la superficie no estén cocidos, consiste en cubrirlos con un paño de cocina húmedo (previamente mojado y escurrido), y mantenerlo así, apoyado sobre toda la superficie del arroz durante 5 minutos, mientras reposa fuera del fuego. De esta forma el arroz absorberá la humedad del paño de cocina y con el calor irradiado por el recipiente, acabará de cocerse.

Si notamos que huele a quemado, poner la paella sobre un Spontex o bayetas húmedas, durante 5 minutos.

Los arroces en paella hay que dejarlos reposar cinco minutos, fuera del fuego, para que adquieran su punto óptimo.

La técnica y los trucos para cocinar los arroces al horno

Los arroces secos hechos al horno se cocinan en cazuela plana de barro llamada en Valencia «rossejadora».

Los diámetros de las cazuelas según los ingredientes de cada receta y el número de personas para quienes se va a cocinar es el siguiente:

para 2-3 personas	25 cm
para 3-4 personas	30 cm
para 5-6 personas	35 cm
para 6-8 personas	40 cm

Conviene poner un difusor sobre la llama del fuego para que no se agriete el barro mientras se fríen los ingredientes.

Cazuela plana de barro «rossejadora»

Las proporciones por persona, teniendo en cuenta las variaciones por la clase de arroz o tipo de agua, son:

75 a 100 gramos de arroz de grano medio y casi el doble de caldo. Dicho de otro modo, para 4 tacitas de arroz (400 g) - 7 tacitas de caldo.

El horno debe encenderse con 10 minutos de anticipación y a temperatura fuerte –200 °C.

El arroz NO DEBE LAVARSE.

El arroz debe echarse en la cazuela cuando el caldo está hirviendo.

Si la receta requiere que el arroz se sofría previamente, el caldo que se le añade debe estar hirviendo.

Una vez echado el arroz hay que repartirlo por igual y avivar el fuego para restablecer rápidamente la ebullición.

El arroz YA NO SE DEBE REMOVER, y se cuece siempre destapado.

Una vez rompa a hervir, coger con las debidas precauciones la cazuela para no quemarse y meterla en el horno.

El tiempo de cocción de los arroces al horno está entre los 15 y 18 minutos aproximadamente.

A partir de los 12-15 minutos debe probarse el punto del grano y retirarlo del fuego cuando está firme al diente, es decir, cuando haya desaparecido la dureza del núcleo central pero aún se note una cierta resistencia al masticarlo o presionarlo entre los dedos.

Después de retirar la cazuela del horno, hay que servir el arroz, sin dejarlo reposar, porque el calor del barro continúa cociéndolo y podría pasarse el punto.

La técnica y los trucos para cocinar los arroces en cazuela y en puchero

Un gran número de arroces se cocinan en cazuelas y pucheros de barro o metálicos.

Los arroces en cazuela pueden ser caldosos o secos.

El arroz de grano medio es el apropiado porque, una vez cocido, tiene una textura suave y cremosa y suministra más sólidos en los platos con caldo, espesándolo.

Cazuela de barro

Para estos arroces las proporciones oscilan entre 50 a 100 gramos de arroz de grano medio y 1/4 de litro o poco más de caldo por persona, en función de la receta determinada.

Los tamaños de las cazuelas, con relación a la proporción de ingredientes, no requieren tanta exactitud de capacidad como en los arroces secos, en paella o al horno, por consiguiente, con un poco de lógica será fácil elegir el tamaño adecuado.

Conviene poner un difusor sobre la llama del fuego para que no se agriete el barro mientras se fríen o cuecen los ingredientes.

La cocción del arroz en utensilio de barro requiere que el fuego sea de una intensidad media o floja.

El arroz NO DEBE LAVARSE.

El arroz debe echarse en la cazuela cuando el caldo está hirviendo.

Si la receta requiere que el arroz se sofría previamente, el caldo que se le añade debe estar hirviendo.

Conviene cocer los ingredientes con el suficiente caldo para poder reservar un poco, antes de echar el arroz, y añadirle hacia el final de la cocción, si es necesario.

Una vez echado el arroz, hay que repartirlo por igual y avivar el fuego durante unos minutos para restablecer rápidamente la ebullición. El arroz YA NO SE DEBE REMOVER.

Luego, hay que mantener la cocción a fuego medio o lento entre 15 y 18 minutos, según si el arroz es caldoso o seco.

A partir de los 12-15 minutos de cocción debe probarse el punto del grano y retirarlo del fuego cuando esté todavía firme al diente, es decir, cuando haya desaparecido la dureza del núcleo central pero aún se note una cierta resistencia al masticarlo o presionarlo entre los dedos.

Estos arroces no conviene dejarlos reposar en la cazuela, porque el calor que irradia el recipiente sigue cociendo el arroz y, por tanto, podría perder el punto adecuado.

Los arroces en puchero de barro son siempre caldosos o «melosos». Un arroz «meloso» tiene un punto especial entre caldoso y seco, porque el caldo queda trabado, con una densidad como la miel, entre sólido y fluido, pero con los granos de arroz enteros.

Puchero de barro

Para estos arroces las proporciones son:

50 gramos de arroz de grano medio y 1/4 de litro o poco más de caldo por persona.

Los tamaños de los pucheros han de estar en relación con la cantidad de ingredientes que lleve cada receta, teniendo en cuenta que el arroz debe cocerse siempre con holgura.

Conviene poner un difusor sobre la llama del fuego para que no se agriete el barro.

La cocción de los ingredientes y del arroz en puchero de barro requiere que el fuego sea entre medio y lento.

El arroz NO DEBE LAVARSE.

Una vez echado el arroz, se remueve con cuchara de madera mezclándolo con los demás ingredientes y se aviva el fuego durante unos minutos para restablecer rápidamente la ebullición.

Luego, hay que mantener la cocción entre 15 y 17 minutos a fuego medio.

A partir de los 12-15 minutos de cocción debe probarse el punto del grano y retirarlo del fuego cuando esté todavía firme al diente, no cocido del todo, porque el ardor del caldo hace que continúe cociendo el arroz dentro del recipiente.

Por este motivo, hay que servirlo de inmediato en los platos y dejarlo reposar en ellos dos o tres minutos, lo suficiente para poderlo tomar.

Arroces en la olla-exprés

Algunos arroces pueden cocinarse en la olla-exprés, pero, teniendo en cuenta la variedad de modelos que existen en el mercado, no se pueden dar unas normas fijas en cuanto a tiempos de cocción y cantidades de caldo con respecto al arroz.

No obstante, a título orientativo, se puede decir que:

No es conveniente preparar más de 4 raciones, porque la capa de arroz, si es muy alta, corre peligro de «empastarse».

El arroz NO DEBE LAVARSE.

Para los arroces secos y arroces blancos las proporciones por persona son normalmente:

100 gramos de arroz - 225 mililitros de caldo o, dicho de otro modo, para 100 gramos de arroz - 1/4 de litro escaso de caldo.

El tiempo de cocción es, aproximadamente, de 10 minutos desde que la válvula indica que ha empezado este proceso.

A continuación, debe enfriarse con precaución la olla, destaparla y dejar en reposo 3 minutos.

Para los arroces caldosos en la olla-exprés las proporciones por persona son normalmente:

50 gramos de arroz - 200 mililitros de caldo o, dicho de otro modo, para 50 gramos de arroz - 1/4 de litro escaso de caldo.

El tiempo de cocción es, aproximadamente, de 8

a 10 minutos desde que la válvula indica que ha empezado este proceso.

A continuación, debe enfriarse con precaución la olla, destaparla y servir de inmediato.

El agua y la cocción

En torno a la calidad del agua y su influencia en la cocción del arroz hay muchas opiniones, pero no debe achacarse sólo al agua el éxito o el fracaso en la elaboración de los arroces, puesto que existe un conjunto de factores que también puede influir:

la elección del recipiente adecuado,
las proporciones equilibradas de los ingredientes,
la proporción del agua o caldo con respecto al arroz,
la forma de llevar la intensidad del fuego, y
la duración de la cocción y del reposo.

También puede influir la variedad de arroz, porque absorba más o menos agua, e incluso el lugar geográfico donde se cocine, por la diferencia de altitud, pero estas alteraciones se corrigen sin dificultades, con un poco de práctica, dándole unos minutos más o menos de cocción.

No hay que olvidar que cuando la elaboración de la receta lleva una previa cocción de los ingredientes (carnes, legumbres, verduras, etc.), hay evaporación y, en consecuencia, hay que reponer, si es necesario, esta pérdida.

En cualquier caso, como medida prudente, antes de agregar el arroz conviene reservar una pequeña cantidad de caldo caliente para poder añadirle un poco durante la cocción en caso de apuro.

La cocina, a veces, no se puede realizar con el rigor y la exactitud de las matemáticas...

Por razones culinarias y dietéticas, el arroz en crudo NO SE DEBE LAVAR.

El grano de arroz es como una esponja y bastan unos minutos para que haya absorbido ya una cierta cantidad de líquido.

Si se pone a remojo, en agua fría, absorbe un 32-34% de humedad y esto, lógicamente, influye en la proporción de agua o caldo que luego tiene que admitir durante la coccion.

Después de cocido, el arroz ha absorbido un 72-74% de agua.

Como razón dietética, basta decir que al lavar el arroz se eliminan una parte importante de las vitaminas y sales minerales que se encuentran en la superficie del grano.

El aceite

Debe utilizarse aceite de oliva, mejor aún si es virgen extra, especialmente en los arroces clásicos tradicionales.

La cantidad de aceite varía según el volumen de arroz y demás ingredientes. Una pauta podría ser: 1 kilo de arroz - 3 dl de aceite (3 tacitas), pero, lógicamente, la proporción varía en función de los elementos más o menos grasos que entran en las distintas elaboraciones.

En general, llevan más proporción de aceite los arroces secos que los caldosos.

En cuanto a sofreír o no el arroz previamente, depende de la receta y depende también de cómo se realice esta acción, porque el sofrito del arroz favorece su cocción en el sentido de que dificulta que se abra, pero también puede estropearse si se fríe demasiado porque el exceso de aceite impide la penetración del caldo en el grano y no se cuece bien.

Los arroces que se elaboran con un caldo preparado de antemano: caldo de cocido, caldo de pescado, etc., pueden sofreírse unos minutos siempre que se vierta luego el caldo hirviendo sobre el arroz.

En la elaboración de la paella valenciana y de otras fórmulas que requieren una cocción previa de las carnes y verduras en el propio recipiente, el arroz debe echarse siempre sobre el caldo hirviendo.

El fuego

Con la gama actual de medios a nuestro alcance: gas natural, gas ciudad, butano, etc. y electricidad, pueden cocinarse la mayoría de los arroces en cazuela o puchero.

Sin embargo, para los arroces en paella, el inconveniente de los quemadores o fuegos de una cocina normal, reside en que no suelen abarcar el diámetro inferior de estos recipientes y, en consecuencia, el calor es demasiado fuerte en el centro y muy flojo alrededor.

Actualmente existen en el mercado unos hornillos de gas (que se adaptan a butano e incluso a gas natural o gas ciudad) especialmente diseñados para hacer paellas.

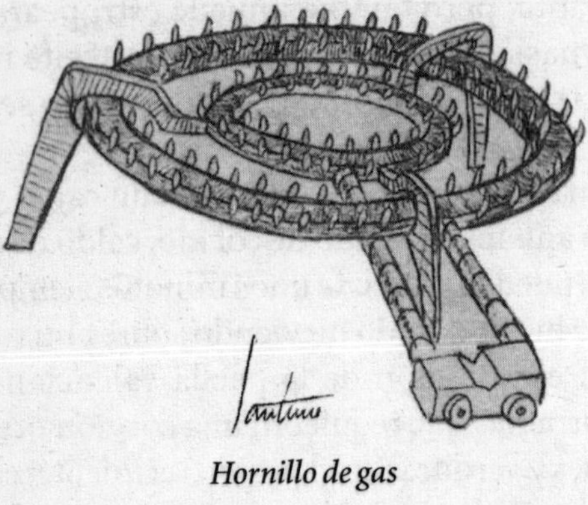

Hornillo de gas

Estos hornillos, formados por dos o tres círculos con pequeños orificios en todo su perímetro, por donde salen las llamas del gas, permiten que pueda adaptarse a ellos cualquier tamaño de paella, desde las más pequeñas hasta las de 15-20 raciones, ya que cada círculo de fuego se enciende por separado.

De este modo se consigue una intensidad de calor uniforme, en toda la base, que permite realizar sin problemas las distintas fases de la elaboración de los arroces en paella.

Algunos consejos prácticos

Utilizar siempre azafrán natural y no colorantes artificiales.

El azafrán debe «tostarse» (para poderlo desmenuzar) poniéndolo en un papel, cerrándolo con varios dobleces y manteniéndolo cerca del calor del fuego durante 10 minutos.

Al cabo de ese tiempo, abriendo con precaución el papel, podemos verterlo directamente al caldo.

El pimentón debe utilizarse siempre dulce, a no ser que la receta indique lo contrario.

Conviene tener siempre caldo o agua a mano, cuando se sofríe el pimentón, para echar enseguida sobre él y que no se queme, porque daría mal sabor.

Para conservar un resto de arroz cocido conviene guardarlo en el frigorífico y en un recipiente tapado para que no coja el sabor de otros alimentos.

Los arroces secos, como la paella, se pueden recalentar, poniéndolos, a fuego lento, en una sartén amplia y antiadherente y dándoles vueltas con un tenedor durante unos minutos.

La paella valenciana

Cuando Jaime I el Conquistador, en 1238, entró en Valencia, los arrozales estaban muy próximos a la ciudad y, para evitar epidemias de paludismo, el rey dictó unas leyes limitando los cultivos a las zonas cercanas a La Albufera.

En La Albufera, palabra de origen árabe que quiere decir pequeño mar, había abundancia de anguilas; lógico es pensar que una de las primeras formas de condimentar el arroz tuvo que ser con anguila, ya que tan cerca estaban uno de otra desde siglos atrás y, posiblemente, se cociera en alguna vasija grande de metal, redonda y poco profunda.

La palabra «patella», en latín, equivalía a un plato o recipiente de estas características con el que se ofrecían las libaciones sólidas en los sacrificios a los dioses y quizás esta palabra tuviera relación también con la diosa Patelena que cuidaba del crecimiento de las espigas.

En el siglo XVI, la palabra castellana «paila», designaba un utensilio como el que acabamos de describir, que en francés llamaban «paele» y en valenciano antiguo «paella».

El arroz, a través de los años, empezó a ser un alimento básico y el labrador, ya asentado en sus tierras, lo cocinaba con las verduras que daba la huerta, los caracoles que encontraba entre los aromáticos romeros y tomillos y, en los días especialmente señalados, añadía algún conejo o pato.

A medida que fue aumentando su nivel de vida, pudo permitirse incorporar el pollo, criado con esmero durante meses, y así, poco a poco, con el paso del tiempo, este «arroz a la valenciana» en paella, conocido ya fuera del ámbito familiar, y conseguido ese equilibrio perfecto que le aportan el arroz, las carnes, las verduras, los caracoles y los aromas de la leña, empezó, a finales del siglo XIX, a denominarse «Paella Valenciana», tomando el nombre del utensilio donde se cocinaba y de la región que la vio nacer, llegando a ser conocida en todo el mundo.

La Paella Valenciana es uno de los platos más representativos de nuestra cocina, dentro y fuera de España y tal vez por su barroca composición ha dado lugar a numerosas mixtificaciones que la hacen muchas veces irreconocible.

Los ingredientes

Uno de los factores del éxito, al preparar una auténtica Paella Valenciana, son sus ingredientes:

Aceite de oliva; carne de pollo y de conejo; judías verdes «ferraúra»; judías de grano tierno «tavella» (cuya vaina se desecha) y «garrofón», judía alta garrofal, variedad originaria de Valencia, con la alubia o grano, grande, aplanado y blanco (la vaina se desecha).

Si no se dispone de esta clase de alubias tiernas, del tiempo, se pueden utilizar las mismas secas, poniéndolas previamente en remojo con agua 12 horas. La verdura debe ser siempre natural, no congelada ni envasada.

Lleva, además, la paella, caracoles «vaquetes», en la época adecuada, y cuando no los haya, una ramita de romero fresco.

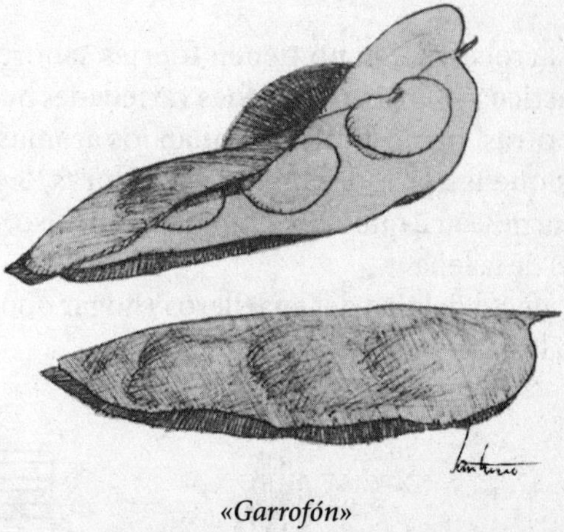

«Garrofón»

Por último citaremos: el tomate para el sofrito, el pimentón, la sal, el azafrán natural y el agua necesaria para cocer todo ello.

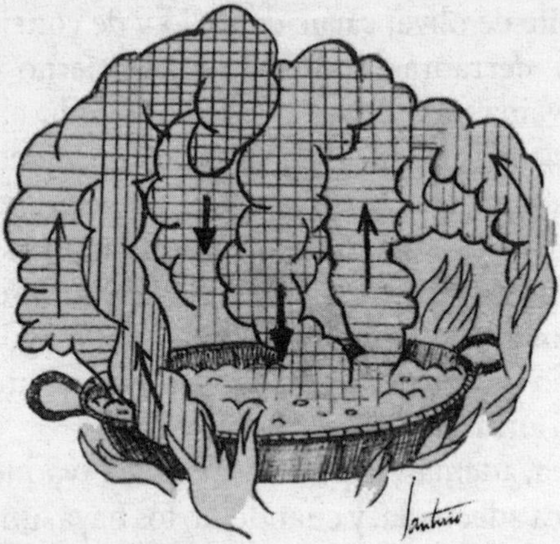

Convección de los aromas de la leña

Los arroces, en sí, no tienen fuertes sabores característicos, que distingan unas variedades botánicas de otras, no obstante, asimilan los aromas más sutiles que les proporcionan las verduras, legumbres, carnes, etc., que les acompañan e incluso, en su caso, el de la leña.

Por efecto del tiro del «paellero» (hogar donde se cocina la paella con leña):

Suben *Humo de la leña*
Vapor de agua de la evaporación del caldo

A medida que sube el vapor, se enfría, se condensa y, entrando al mismo tiempo en contacto con el humo,

Bajan *Humo de la leña*
Vapor de agua condensado

lleva consigo los aromas de la leña que revierten en la paella.

En el proceso de elaboración de la Paella Valenciana hay que tener en cuenta que la carne y las verduras han de cocer previamente el tiempo necesario y lógicamente hay una evaporación de caldo que debe calcularse antes de echar el arroz. Cuando ya se tiene algo de experiencia si la paella que se utiliza tiene el diámetro adecuado, se puede calcular, sin medir, el agua necesaria para la cocción de todos los ingredientes, simplemente llenando la paella hasta un nivel que cubra los remaches de las asas que se ven en el interior de la misma.

Este nivel irá descendiendo durante la cocción.

Cuando se vaya a echar el arroz, el caldo tendrá que estar justamente por debajo de los remaches.

La elaboración

La preparación de una paella reúne un conjunto de factores que convierten este proceso en una mezcla de rito, fiesta social o familiar y en ocasiones debate gastronómico porque cada «maestro paellero» presente piensa, y hasta suele decir, que su técnica es la mejor y en cuanto se duda de su aptitud se siente enormemente ofendido...

Lo cierto es que, si estamos en un lugar donde se puede cocinar con leña, hay que empezar eligiendo los troncos y ramas de distintos tamaños, para graduar más tarde la intensidad del fuego. A continuación tenemos que ver si la paella está bien nivelada al echar el aceite, después encender el fuego y cuando el aceite está caliente, empezar a freír los trozos de carne, cuidando que se doren por igual.

La paella en pleno hervor

Luego, rehogar la verdura, sofreír el tomate, el pimentón y, finalmente, añadir el agua y la sal, dejando que cuezan juntos estos ingredientes, sin prisa pero sin pausa, impregnándose de los aromas de la leña hasta el momento de echar el arroz. Entonces hay que probar el punto de sal y conviene que sea más bien alto, porque el arroz lo neutraliza, debido al almidón que contiene el grano. Siempre suele haber disparidad de opiniones en función de los «expertos» que participan...

No hay que olvidar, además, el azafrán natural, ni «les vaquetes», o en su defecto la ramita de romero.

Ahora hay que avivar el fuego, agregar el arroz en caballón, repartirlo por igual y estar muy pendiente de la intensidad de la llama, apartando o moviendo las distintas ramas, según convenga, para que hierva todo con uniformidad.

Pasados los primeros 8-10 minutos, el caldo ha ido menguando y empieza a verse ya el arroz en la superficie.

Es el momento de ir retirando fuego del centro y prácticamente con las brasas y el rescoldo, acabar de cocer el arroz.

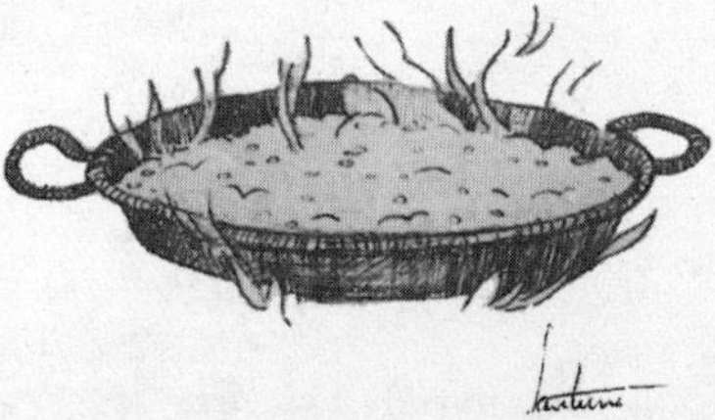

La paella enjugando el caldo

Durante estos últimos minutos, hay que probar unos granos de arroz y retirar la paella del fuego cuando éstos estén aún firmes al diente, es decir, cuando haya desaparecido la dureza del núcleo central, pero el grano ofrezca todavía una cierta resistencia.

Ahora, un reposo de cinco minutos, para que los granos queden sueltos, enteros, en su punto de cocción y con exquisito sabor.

Si además conseguimos el «socarrat», arroz entre dorado y ligeramente quemado del fondo, habremos logrado el complemento ideal de toda buena Paella Valenciana, que habrá que saborear, como manda la tradición, tomándola con cuchara de madera de boj, finamente torneada y trabajada a mano.

Sólo queda esperar la opinión de los comensales y recibir sus elogios o críticas...

PAELLA VALENCIANA

INGREDIENTES

PARA 4 PERSONAS

3/4	KILO DE POLLO
1/2	KILO DE CONEJO
400	GRAMOS DE ARROZ DE GRANO MEDIO
250	GRAMOS DE JUDÍAS VERDES «FERRAÚRA»
125	GRAMOS DE JUDÍAS DE GRANO TIERNO «TAVELLA»
200	GRAMOS DE «GARROFÓN» FRESCO (100 GRAMOS SI ES SECO)
12	CARACOLES «VAQUETES» O UNA RAMITA DE ROMERO FRESCO
100	GRAMOS DE TOMATE
1 1/2	DECILITRO DE ACEITE DE OLIVA VIRGEN (UNA TACITA Y MEDIA)
	AZAFRÁN. SAL, PIMENTÓN
2	LITROS DE AGUA APROXIMADAMENTE
1	PAELLA DE 45 CENTÍMETROS DE DIÁMETRO

Si el «garrafon» es seco, ponerlo en remojo la víspera (como las alubias).

Al día siguiente, cocerlo, durante una hora con 1/2 litro de agua.

Limpiar y preparar los caracoles.

Trocear el pollo y el conejo.

Lavar y despuntar las judías verdes. Desgranar las judías de grano tierno («tavella», «garrofón»).

Pelar y picar el tomate.

Verter el aceite en la paella, poniéndola sobre el sitio donde se vaya a cocinar y observar si está bien nivelada.

Encender el fuego y, cuando el aceite esté caliente, freír el pollo y conejo troceados, dándoles vueltas para que se doren por igual.

Añadir las judías verdes, rehogar. Luego, el tomate, a fuego lento, después la cucharadita de pimentón, e inmediatamente el agua, agregando también la del «garrofón», si se ha cocido previamente. En total unos 2 litros. Incorporar las judías de grano tierno y un poco de sal.

Llevar a fuego vivo hasta que rompa a hervir y luego a fuego medio, manteniéndolo así hasta que la carne y los demás ingredientes estén cocidos. De 45 a 60 minutos (según sea la carne de tierna). Añadir los caracoles o el romero. Probar el punto de sal, rectificar, si es necesario. Agregar una pizca de azafrán.

Reservar un poco de caldo. Comprobar su nivel, que debe estar justo por debajo de los remaches de las asas.

Aumentar la intensidad del fuego y echar el arroz, repartiéndolo bien para que quede lo más igualado posible.

Mantener a fuego vivo los 10 primeros minutos, y a fuego gradualmente rebajado los otros 8 o 10 minutos restantes.

Probar unos granos de arroz para verificar el punto de cocción.

El grano debe estar firme al diente, es decir, cocido pero que ofrezca todavía una cierta resistencia.

Retirar del fuego y dejar reposar 5 minutos.

Los arroces tradicionales

Arroces con carnes de ave o caldo de carne

Las cantidades de aceite que doy en cada receta son muy aproximadas, pero no exactas, porque la práctica hace que, cada cual, incluso a ojo, sepa con precisión la medida adecuada ya que influye, por ejemplo, que la carne o el caldo que vamos a utilizar tenga mayor o menor proporción de grasa y también la clase de aceite, porque, al calentarse, unos aumentan más que otros de volumen. El aceite de oliva es el más indicado para los «arroces tradicionales» y se deben elaborar con arroz de grano medio.

Hay que poner especial atención a la sal, en los arroces con carnes de ave, porque frecuentemente, al ser el sabor de éstas poco intenso, el caldo requiere un punto de sal más alto.

«OLLA VALENCIANA» (COCIDO O PUCHERO VALENCIANO)

INGREDIENTES:

PARA 4 PERSONAS

250 GRAMOS DE GARBANZOS (PESADOS SIN REMOJAR)
250 GRAMOS DE ALETA fins
250 GRAMOS DE MORCILLO
1 HUESO DE TERNERA
1 HUESO DE JAMÓN
100 GRAMOS DE TOCINO FRESCO
200 GRAMOS DE CHORIZO
250 GRAMOS DE CARNE DE GALLINA
2 MORCILLAS DE CEBOLLA
200 GRAMOS DE JUDÍAS VERDES
100 GRAMOS DE ZANAHORIA
50 GRAMOS DE NABO turnip
50 GRAMOS DE CHIRIVÍA parsnip
100 GRAMOS DE COL DE HOJA RIZADA redleaf cabbage
4 PATATAS MEDIANAS
AZAFRÁN, SAL
4 LITROS DE AGUA

Poner en remojo los garbanzos durante 12 horas.

Raspar las zanahorias.

Pelar las patatas, el nabo y la chirivía.

Despuntar las judías.

Poner una olla o puchero con 4 litros de agua al fuego e incorporar la carne, los huesos, la carne de gallina, el chorizo y el tocino.

Cuando empiece a cocer, añadir los garbanzos.

Poner a continuación la zanahoria, el nabo y la chirivía. Quitarle la espuma repetidamente.

Cuando haya cocido hora y media, incorporar las patatas, la col, las judías verdes y las morcillas. Añadir la sal y un pellizco de azafrán.

Continuar cociendo 45 minutos más.

Sacar la carne, las verduras y los garbanzos, colar el caldo.

Con este caldo y los demás ingredientes del cocido, se pueden preparar varias recetas de arroces.

ARROZ CON CALDO DE COCIDO (CALDOSO)

INGREDIENTES:

PARA 4 PERSONAS

100	GRAMOS DE JAMÓN SERRANO
100	GRAMOS DE TOMATE
1	PIMIENTO ROJO PEQUEÑO
200	GRAMOS DE ARROZ DE GRANO MEDIO
1/2	DECILITRO DE ACEITE DE OLIVA (MEDIA TACITA)
1	LITRO DE CALDO DE COCIDO
	PIMENTÓN, SAL

Trocear a cuadritos el jamón.

Pelar y picar el tomate.

Lavar, secar y trocear el pimiento quitándole las simientes.

Calentar el caldo del cocido.

Calentar el aceite en una cazuela al fuego. Freír el jamón, luego el pimiento y a continuación el tomate.

Añadir media cucharadita de pimentón y enseguida el caldo caliente.

Probar el punto de sal y rectificar si es necesario.

Echar el arroz, remover y cocer destapado a fuego medio de 16 a 18 minutos.

Probar unos granos de arroz para verificar el punto de cocción.

Retirar del fuego, servir y dejar reposar un poco en los platos.

ARROZ CON CEBOLLA (AL HORNO)

INGREDIENTES:

PARA 4 PERSONAS

1	KILO DE CEBOLLAS
100	GRAMOS DE TOCINO ENTREVERADO
1	PATATA MEDIANA
1	TOMATE MEDIANO
400	GRAMOS DE ARROZ DE GRANO MEDIO
1	DECILITRO DE ACEITE DE OLIVA (1 TACITA)
	PIMENTÓN, SAL
3/4	LITRO DE CALDO (DE COCIDO, DE AVE O DE CARNE)
1	CAZUELA PLANA DE BARRO DE 35 CENTÍMETROS DE DIÁMETRO

Pelar y cortar finamente la cebolla.

Trocear a cuadritos el tocino.

Pelar y cortar la patata en lonchas de 1 centímetro de gruesas.

Lavar el tomate y cortarlo en rodajas.

Encender el horno a 200 °C.

Calentar el caldo.

Calentar el aceite en una sartén y freír a fuego lento la cebolla, hasta que empiece a dorarse.

Sacarla y reservarla.

Freír en la cazuela de barro los trocitos de tocino, las lonchas de patata y después las rodajas de tomate, agregar media cucharadita de pimentón y el arroz. Remover con rapidez. Incorporar el caldo caliente.

Probar el punto de sal y rectificar si es necesario.

Añadir la cebolla, igualar el arroz y cuando rompa a hervir, meter en el horno caliente, teniéndolo así de 15 a 18 minutos.

Retirar del horno y servir de inmediato.

ARROZ AL HORNO «EN PILOTES» (CON ALBÓNDIGAS)

La base de este arroz es un caldo de cocido y algunos de sus ingredientes.

INGREDIENTES:

PARA 4 PERSONAS

125	GRAMOS DE GARBANZOS COCIDOS
300	GRAMOS DE ARROZ DE GRANO MEDIO
1/2	DECILITRO DE ACEITE DE OLIVA (1/2 TACITA)
1/2	LITRO DE CALDO DE COCIDO
	PIMENTÓN, SAL
1	CAZUELA PLANA DE BARRO DE 35 CENTÍMETROS DE DIÁMETRO

PARA LAS ALBÓNDIGAS

200	GRAMOS DE MAGRO DE CERDO PICADO chopped
1	CUCHARADA SOPERA DE MANTECA DE CERDO Lard
1	HUEVO
2	CUCHARADAS SOPERAS DE PIÑONES
3	CUCHARADAS SOPERAS DE PAN RALLADO GRATED
4	RAMITAS DE PEREJIL Parsley
	UNA PIZCA DE CANELA MOLIDA cinnamon
	UNA PIZCA DE PIMIENTA MOLIDA
	SAL

Preparación de las albóndigas

Mezclar en un recipiente, la carne picada, la manteca de cerdo, los piñones y el pan rallado. Añadir la yema del huevo y el perejil picado. Espolvorear con canela y pimienta, poner un poco de sal y amasar para que se unan bien todos los ingredientes.

Batir la clara de huevo en un plato.

Formar las albóndigas y pasarlas por la clara de huevo.

Calentar el caldo de cocido y, cuando hierva, poner las albóndigas y cocerlas de 10 a 15 minutos (según tamaño). Sacarlas y reservar.

Preparación del arroz

Encender el horno a temperatura caliente (200 °C).

Calentar el aceite en una cazuela de barro al fuego, poniendo un difusor, si es necesario, para que el barro no se agriete.

Poner los garbanzos, darles una vuelta y añadir enseguida una cucharadita de pimentón y el arroz. Agregar el caldo caliente.

Poner las albóndigas por encima, enteras o partidas en rodajas, según tamaño.

Probar el punto de sal y rectificar si es necesario.

Cuando empiece a cocer con fuerza, meter la cazuela al horno caliente, teniéndola así de 15 a 18 minutos.

Probar unos granos de arroz, para verificar el punto de cocción.

Sacarlo del horno y llevarlo a la mesa en la misma cazuela, sirviéndolo de inmediato.

ARROZ AL HORNO A LA MALLORQUINA

INGREDIENTES:

PARA 4 PERSONAS

100	GRAMOS DE SOBRASADA MALLORQUINA
10	GRAMOS DE GARBANZOS COCIDOS
2	PATATAS MEDIANAS
3	TOMATES (300 GRAMOS)
1	CABEZA DE AJOS
400	GRAMOS DE ARROZ DE GRANO MEDIO
1	DECILITRO DE ACEITE DE OLIVA (1 TACITA)
3/4	LITRO DE CALDO DE COCIDO
1	CAZUELA PLANA DE BARRO DE 35 CENTÍMETROS DE DIÁMETRO

Pelar las patatas y cortarlas en lonchas de 1 centímetro de gruesas.

Lavar dos tomates y partirlos por la mitad.

Pelar y picar el otro tomate.

Limpiar la cabeza de ajos, enjuagarla, secarla y dejarla sin pelar.

Calentar el caldo.

Encender el horno a 200 °C (muy caliente).

Calentar el aceite en una cazuela de barro al fuego, poniendo un difusor, si es necesario, para que el barro no se agriete.

Freír la cabeza de ajos entera, luego, las lonchas de patata, después, los tomates partidos por la mitad y, por último, el tomate picado.

Añadir los garbanzos cocidos y la sobrasada cortada en rodajas o en trozos pequeños, incorporar el arroz, remover e incorporar el caldo caliente.

Cuando empiece a hervir, probar el punto de sal y rectificar si es necesario.

Meter en el horno y cocer de 15 a 18 minutos.

Probar unos granos de arroz para verificar el punto de cocción.

Sacar del horno, llevar a la mesa en la misma cazuela y servir de inmediato.

ARROZ «ROSSEJAT» AL HORNO

La base del arroz «rossejat» (que quiere decir «dorado»), es un buen caldo de cocido y algunos de sus ingredientes.

INGREDIENTES:

PARA 4 PERSONAS

200	GRAMOS DE CARNE DEL COCIDO DESHUESADA
2	MORCILLAS DE CEBOLLA
125	GRAMOS DE GARBANZOS COCIDOS
	UN TROZO PEQUEÑO DE TOCINO
1	PATATA MEDIANA (150 GRAMOS)
3	TOMATES PEQUEÑOS (300 GRAMOS)
1	CABEZA DE AJOS
300	GRAMOS DE ARROZ DE GRANO MEDIO
1/2	DECILITRO DE ACEITE DE OLIVA (1/2 TACITA)
1/2	LITRO DE CALDO DE COCIDO
	PIMENTÓN, SAL
1	CAZUELA PLANA DE BARRO DE 35 CENTÍMETROS DE DIÁMETRO

Trocear la carne y el tocino.

Pelar la patata y cortarla en lonchas de 1 centímetro de gruesas.

Pelar y picar un tomate. Lavar los otros dos, secarlos y partirlos por la mitad.

Limpiar, enjuagar y secar sin pelar la cabeza de ajos.

Calentar el caldo de cocido.

Encender el horno a 200 °C (muy caliente).

Calentar el aceite en una cazuela de barro al fuego, poniendo un difusor si es necesario para que el barro no se agriete.

Freír la cabeza de ajos entera, luego, las lonchas de patata, después, los dos tomates partidos por la mitad, las morcillas y, por último, el tomate picado.

Añadir una cucharadita de pimentón, enseguida el arroz, removerlo con rapidez e incorporar el caldo caliente.

Poner a continuación los garbanzos, la carne y el tocino troceados.

Repartirlo procurando que quede la cabeza de ajos en el centro y las lonchas de patata y los tomates alrededor.

Probar el punto de sal y rectificar si es necesario.

Cuando empiece a cocer con fuerza, meter la cazuela al horno caliente, teniéndolo así de 15 a 18 minutos.

Probar unos granos de arroz para verificar el punto de cocción.

Sacarlo del horno y llevarlo a la mesa en la misma cazuela, sirviéndolo de inmediato.

ARROZ CON HIGADILLOS DE POLLO Y VERDURAS (CALDOSO)

INGREDIENTES:

PARA 4 PERSONAS

250	GRAMOS DE HIGADILLOS DE POLLO
500	GRAMOS DE GUISANTES FRESCOS (O 200 GRAMOS CONGELADOS)
4	ALCACHOFAS FRESCAS MEDIANAS
100	GRAMOS DE TOMATE
1	DIENTE DE AJO
200	GRAMOS DE ARROZ DE GRANO MEDIO
1/2	DECILITRO DE ACEITE DE OLIVA (1/2 TACITA)
	AZAFRÁN, SAL, PIMENTÓN
1 1/4	LITRO DE AGUA

Limpiar los higadillos de filamentos.

Pelar y picar el tomate y el diente de ajo.

Desgranar los guisantes. Quitar las hojas duras de las alcachofas, cortar las puntas, partir el cogollo en cuatro trozos y ponerlas en agua con zumo de limón.

Calentar el aceite en una cazuela al fuego. Freír los higadillos, el diente de ajo y el tomate.

Añadir media cucharadita de pimentón, el agua, una pizca de azafrán y un poco de sal.

Cuando rompa a hervir, poner los guisantes y las alcachofas. Tapar y cocer 30 minutos.

Debe de quedar 1 litro de caldo, después de la cocción.

Probar el punto de sal y rectificar si es necesario.

Echar el arroz, remover y cocer destapado a fuego medio de 16 a 18 minutos.

Probar unos granos de arroz para verificar el punto de cocción.

Retirar del fuego, servir y dejar reposar un poco en los platos.

ARROZ CON POLLO, GUISANTES Y ALCACHOFAS (CALDOSO)

INGREDIENTES:

PARA 4 PERSONAS

1	POLLO DE UN KILO
500	GRAMOS DE GUISANTES FRESCOS (O 200 GRAMOS CONGELADOS)
4	ALCACHOFAS FRESCAS MEDIANAS
100	GRAMOS DE TOMATE PICADO
1	DIENTE DE AJO
200	GRAMOS DE ARROZ DE GRANO MEDIO
1/2	DECILITRO DE ACEITE DE OLIVA (1/2 TACITA)
	AZAFRÁN, SAL, PIMENTÓN
1 1/2	LITROS DE AGUA

Trocear el pollo. Desgranar los guisantes.

Limpiar las alcachofas de hojas duras, cortar las puntas y partirlas en 4 o 6 trozos, poniéndolas con agua y zumo de limón.

Pelar y picar el tomate y el ajo.

Calentar el aceite en una cazuela y freír los trozos de pollo, dándoles vuelta para que se doren por igual.

Añadir el tomate y ajo picados, sofreírlos. Poner una cucharadita de pimentón, remover, e inmediatamente incorporar el agua.

Añadir un poco de sal, una pizca de azafrán y cuando el caldo rompa e hervir, incorporar los guisantes y las alcachofas.

Cocer tapado a fuego medio, ente 30 y 45 minutos (hasta que el pollo y las verduras estén casi cocidas). Debe de quedar 1 litro de caldo.

Probar el punto de sal y rectificar si es necesario.

Echar el arroz, remover y cocer destapado a fuego medio de 16 a 18 minutos.

Probar unos granos de arroz para verificar el punto de cocción.

Retirar del fuego, servir y dejar reposar un poco en los platos.

ARROZ CON POLLO Y MAGRO DE CERDO (EN PAELLA)

INGREDIENTES:

PARA 4 PERSONAS

700	GRAMOS DE POLLO
250	GRAMOS DE MAGRO DE CERDO O COSTILLAS
200	GRAMOS DE JUDÍAS VERDES
250	GRAMOS DE «GARROFÓN» FRESCO (O 100 GRAMOS DE «GARROFÓN» SECO PREVIAMENTE EN REMOJO 12 HORAS)
100	GRAMOS DE TOMATE
1	DIENTE DE AJO
400	GRAMOS DE ARROZ DE GRANO MEDIO
1	DECILITRO DE ACEITE DE OLIVA (1/2 TACITA)
	AZAFRÁN, SAL, PIMENTÓN
1 1/2	LITROS DE AGUA APROXIMADAMENTE
1	PAELLA DE 40 CENTÍMETROS DE DIÁMETRO

Trocear el pollo y el magro o costillas.

Despuntar las judías verdes.

Desgranar el «garrofón».

Si el «garrofón» se utiliza seco, habiendo sido remojado previamente, cocerlo durante 30 minutos en 1 litro de agua.

Pelar y picar el tomate y el ajo.

En una paella de 40 centímetros de diámetro, calentar el aceite y freír los trozos de pollo y magro, dándoles vuelta para que se doren por igual. Añadir las judías verdes, el tomate y ajo picados. Sofreír a fuego lento, poner una cucharadita de pimentón e inmediatamente el agua. A continuación el «garrofón», fresco o ya cocido, una pizca de azafrán y un poco de sal.

Llevar a fuego vivo hasta que rompa a hervir y luego rebajar, manteniéndolo así hasta que la carne y los demás ingredientes estén cocidos (entre 30 y 45 minutos).

Probar el punto de sal y rectificar si es necesario.

Avivar el fuego y echar el arroz, repartiéndolo bien para que quede lo más igualado posible.

Mantener a fuego vivo los 10 primeros minutos, disminuyendo la intensidad luego gradualmente los 8 o 10 minutos restantes.

Probar unos granos de arroz para verificar el punto de cocción.

El grano debe estar «al dente», es decir, cocido pero que ofrezca todavía una cierta resistencia.

Dejar reposar fuera del fuego 5 minutos antes de servir.

Arroces con carnes de cerdo

Arroces con carnes de cerdo

Hay que tener en cuenta en estos arroces que la carne de cerdo, al freír o al cocer, suelta grasa. Por tanto, la cantidad de aceite inicial conviene que sea más bien escasa.

La proporción de arroz puede disminuirse un poco porque el volumen y riqueza en calorías de los ingredientes, compensa holgadamente las raciones por persona.

ARROZ CON COSTILLAS DE CERDO, COLIFLOR Y ALUBIAS (CALDOSO)

INGREDIENTES:

PARA 4 PERSONAS

250	GRAMOS DE COSTILLAS DE CERDO FRESCAS (SIN ADOBAR)
100	GRAMOS DE ALUBIAS SECAS (EN REMOJO DESDE LA NOCHE ANTERIOR)
250	GRAMOS DE RAMITOS DE COLIFLOR
100	GRAMOS DE TOMATE
2	DIENTES DE AJO
200	GRAMOS DE ARROZ DE GRANO MEDIO
1/2	DECILITRO DE ACEITE DE OLIVA (1/2 TACITA)
	AZAFRÁN, SAL, PIMENTÓN
2	LITROS DE AGUA

Poner a remojo las alubias desde la víspera, en agua fría.

Partir las costillas en trozos pequeños.

Cortar la coliflor en ramitos y lavarla.

Pelar los ajos. Pelar y picar el tomate.

Poner a cocer las alubias, con los 2 litros de agua fría, a fuego lento, en cazuela o puchero (mejor si es de barro).

Pasados 30 minutos, calentar el aceite en una sartén y freír las costillas, luego, los dientes de ajo enteros y, por último, el tomate picado.

Añadir media cucharadita de pimentón y verter sobre el caldo donde están cociendo las alubias.

20 minutos después, poner una pizca de azafrán, un poco de sal y continuar la cocción, tapado y a fuego lento, hasta que las alubias estén casi cocidas.

Probar el punto de sal y rectificar si es necesario. Añadir los ramitos de coliflor y aumentar la intensidad del fuego. Echar el arroz, remover y cocer destapado a fuego medio de 16 a 18 minutos.

Probar unos granos de arroz para verificar el punto de cocción.

Retirar del fuego, servir y dejar reposar un poco en los platos.

ARROZ CON COSTILLAS DE CERDO Y PIMIENTOS (EN PAELLA)

INGREDIENTES:

PARA 4 PERSONAS

500	GRAMOS DE COSTILLAS Y MAGRO DE CERDO
2	PIMIENTOS ROJOS
2	TOMATES MADUROS
2	DIENTES DE AJO
400	GRAMOS DE ARROZ DE GRANO MEDIO
1	DECILITRO DE ACEITE DE OLIVA (1 TACITA)
	AZAFRÁN, PEREJIL, SAL, PIMENTÓN
$1^1/_4$	LITROS DE AGUA
1	PAELLA DE 40 CENTÍMETROS DE DIÁMETRO

Trocear las costillas y el magro en pedacitos.

Lavar, secar y cortar a tiras los pimientos.

Pelar los ajos.

Pelar y picar los tomates.

Calentar el aceite en una paella al fuego, freír las costillas y el magro. Sacar y reservar.

Dorar luego los ajos enteros, sacarlos y ponerlos en el mortero.

En ese aceite rehogar los pimientos y después el tomate.

Machacar en el mortero los ajos fritos con 3 ramitas de perejil y una pizca de azafrán.

Añadir esto sobre el tomate y los pimientos que están rehogándose en el fuego. Después media cucharadita de pimentón.

Agregar las costillas, el magro y $1\,^1/_4$ litros de agua.

Poner un poco de sal y cocer durante 20 minutos.

Probar el punto de sal y rectificar si es necesario.

Añadir el arroz y cocer a fuego vivo los 10 primeros

minutos y a fuego gradualmente rebajado los 8 o 10 minutos restantes.

Probar unos granos de arroz para verificar el punto de cocción.

Retirar del fuego, dejar reposar durante 5 minutos y servir.

ARROZ CON COSTRA (AL HORNO)

INGREDIENTES:

PARA 4 PERSONAS

250	GRAMOS DE COSTILLAS DE CERDO Y MAGRO
2	LONGANIZAS (SALCHICHAS FRESCAS DE MAGRO DE CERDO)
100	GRAMOS DE CHORIZOS FRESCOS
250	GRAMOS DE POLLO (FACULTATIVO)
100	GRAMOS DE TOMATE
400	GRAMOS DE ARROZ DE GRANO MEDIO
1/2	DECILITRO DE ACEITE DE OLIVA (1/2 TACITA)
3/4	LITRO ESCASOS DE CALDO DE COCIDO
4	HUEVOS
	PIMENTÓN, SAL
1	CAZUELA PLANA DE BARRO DE 35 CENTÍMETROS DE DIÁMETRO

Trocear las costillas y el magro; también el pollo (si se quiere poner).

Pelar y picar el tomate.

Calentar el caldo de cocido. Encender el horno a temperatura alta. 200 °C.

Calentar el aceite en una cazuela de barro al fuego, poniendo un difusor, si es necesario, para que el barro no se agriete.

Freír las costillas, el magro (el pollo), las longanizas y los chorizos. A continuación, freír el tomate.

Añadir media cucharadita de pimentón, enseguida el arroz, dándole unas vueltas con rapidez, y luego el caldo hirviendo.

Repartir el arroz para que quede igualado.

Cuando empiece a cocer con fuerza, meter la cazuela en el horno caliente, teniéndolo así 12 minutos.

Mientras tanto, batir los huevos y a los 12 minutos de

cocción, sacar la cazuela del horno, echar por encima los huevos batidos, volver a poner en el horno y dejar que se cuajen 3 minutos.

Sacarlo del horno y llevarlo a la mesa en la misma cazuela, sirviéndolo de inmediato.

ARROZ «EN FESOLS Y NAPS» («CON ALUBIAS Y NABOS») (MELOSO)

INGREDIENTES:

PARA 4 PERSONAS

200	GRAMOS DE ALUBIAS SECAS (EN REMOJO DESDE LA NOCHE ANTERIOR)
400	GRAMOS DE NABOS DE CARNE AMARILLA (COLINABO)
250	GRAMOS DE CARNE DE CERDO (JARRETE, PATA, OREJA)
50	GRAMOS DE TOCINO FRESCO
4	MORCILLAS DE CEBOLLA
4	DIENTES DE AJO
100	GRAMOS DE CEBOLLA (FACULTATIVO)
200	GRAMOS DE ARROZ DE GRANO MEDIO
1/2	DECILITRO DE ACEITE DE OLIVA (1/2 TACITA)
	AZAFRÁN, SAL, PIMENTÓN
2	LITROS DE AGUA

Poner a remojo las alubias desde la víspera, en agua fría.

En un puchero (mejor si es de barro), poner a cocer las alubias, la carne y el tocino con los 2 litros de agua fría, a fuego lento.

Pelar y trocear los nabos. Pelar los ajos. Pelar y picar la cebolla.

Calentar el aceite en una sartén, freír los ajos enteros, luego, la cebolla picada y, a continuación, los nabos.

Poner, por último, media cucharadita de pimentón y verterlo inmediatamente sobre las alubias y la carne. Tapar.

Cuando todo esto esté casi cocido, añadir un poco de sal.

Sacar la carne, trocearla, volver a incorporarla al puchero y añadir las morcillas y una pizca de azafrán.

Probar el punto de sal y rectificar si es necesario.

Debe de quedar un litro de caldo, después de la cocción.

Echar el arroz, remover y cocer a fuego medio de 16 a 18 minutos.

Probar unos granos de arroz para verificar el punto de cocción.

Retirar del fuego, servir, y dejar reposar un poco en los platos.

ARROZ CON GARBANZOS Y CHORIZO AL HORNO

INGREDIENTES:

PARA 4 PERSONAS

125	GRAMOS DE GARBANZOS
250	GRAMOS DE CHORIZO
200	GRAMOS DE TOMATE
2	DIENTES DE AJO
400	GRAMOS DE ARROZ DE GRANO MEDIO
1	DECILITRO DE ACEITE DE OLIVA (1 TACITA)
	AZAFRÁN, SAL, PIMENTÓN
1 1/4	LITROS DE AGUA
1	CAZUELA PLANA DE BARRO DE 35 CENTÍMETROS DE DIÁMETRO

Poner en remojo los garbanzos desde la víspera.

Cocerlos con el litro y cuarto de agua, poniéndoles al final de la cocción un poco de sal y una pizca de azafrán.

Cortar el chorizo a rodajas.

Pelar y picar los ajos y los tomates.

Encender el horno a 200 °C (muy caliente).

Poner el aceite en una cazuela plana de barro, al fuego.

Cuando esté caliente, freír un momento los ajos, enseguida las rodajas de chorizo y luego los tomates picados.

Añadir después una cucharadita de pimentón y los garbanzos con 3/4 litro del agua donde han cocido.

Probar el punto de sal, rectificar si es necesario.

Cuando empieza a hervir, echar el arroz, repartirlo por igual y meter la cazuela en el horno caliente a 200 °C durante 15 a 18 minutos.

Probar unos granos de arroz para verificar el punto de cocción.

Sacar la cazuela del horno y servir de inmediato.

ARROZ CON JAMON Y GUISANTES (EN CAZUELA)

INGREDIENTES:

PARA 4 PERSONAS

100	GRAMOS DE JAMÓN SERRANO CON ALGO DE TOCINO
1	KILO DE GUISANTES FRESCOS O 400 GRAMOS CONGELADOS
100	GRAMOS DE TOMATE
2	DIENTES DE AJO
400	GRAMOS DE ARROZ DE GRANO MEDIO
1/2	DECILITRO DE ACEITE DE OLIVA (1/2 TACITA)
	DE $1^1/_4$ A $1^1/_2$ LITROS DE CALDO DEL COCIDO O DE AVE
	AZAFRÁN, SAL, PIMENTÓN
4	CUCHARADAS DE QUESO RALLADO (FACULTATIVO)

Trocear el jamón a cuadritos.

Desgranar los guisantes. Pelar y picar el tomate y los ajos.

Calentar el aceite en una cazuela al fuego. Freír el jamón. Luego, los ajos y el tomate.

Añadir 1/2 cucharadita de pimentón y enseguida el agua.

Cuando hierva poner los guisantes, una pizca de azafrán y un poco de sal.

Cocer 30 minutos aproximadamente, según lo tiernos que sean los guisantes.

Probar el punto de sal y rectificar si es necesario.

Echar el arroz, repartirlo y cocerlo destapado y a fuego medio de 18 a 20 minutos.

Probar unos granos de arroz para verificar el punto de cocción.

Retirar del fuego, dejar reposar unos minutos y servir con queso rallado aparte, para que cada comensal espolvoree a su gusto sobre el plato.

ARROZ CON MAGRO DE CERDO Y HABAS (CALDOSO)

INGREDIENTES:

PARA 4 PERSONAS

1	KILO DE HABAS TIERNAS (CON VAINA) O 400 GRAMOS DESGRANADAS
250	GRAMOS DE MAGRO DE CERDO
100	GRAMOS DE TOMATE
200	GRAMOS DE ARROZ DE GRANO MEDIO
1/2	DECILITRO DE ACEITE DE OLIVA (1/2 TACITA)
1 1/4	LITROS DE CALDO (DE AVE, DE CARNE O DE COCIDO)
	AZAFRÁN, SAL, PIMENTÓN

Desgranar las habas.

Cortar el magro a cuadritos.

Pelar y picar el tomate.

En una cazuela calentar el aceite, freír el magro, a continuación las habas y después el tomate picado, añadir media cucharadita de pimentón y enseguida el caldo. Cocer entre 15 y 20 minutos, según lo tiernas que sean las habas, añadir una pizca de azafrán.

Probar el punto de sal y rectificar si es necesario.

Echar el arroz y cocer destapado a fuego medio de 16 a 18 minutos.

Probar unos granos de arroz para verificar el punto de cocción.

Retirar del fuego y servir de inmediato.

ARROZ CON MAGRO DE CERDO Y ESPINACAS (CALDOSO)

INGREDIENTES:

PARA 4 PERSONAS

250	GRAMOS DE MAGRO DE CERDO
250	GRAMOS DE ESPINACAS FRESCAS
6	AJOS TIERNOS (AJETES)
100	GRAMOS DE TOMATES
200	GRAMOS DE ARROZ DE GRANO MEDIO
1/2	DECILITRO DE ACEITE DE OLIVA (1/2 TACITA)
	AZAFRÁN, SAL, PIMENTÓN
1 1/4	LITROS DE AGUA

Limpiar, lavar y trocear las espinacas.

Limpiar y trocear los ajos tiernos.

Pelar y picar los tomates.

Trocear el magro.

Calentar el aceite en una cazuela, freír el magro y a continuación los ajos tiernos y las espinacas.

Cuando se haya evaporado el agua de las espinacas, freír el tomate, añadir media cucharadita de pimentón. Poner un poco de sal, el agua y una pizca de azafrán.

Cocer tapado a fuego medio, 15 minutos.

Probar el punto de sal. Rectificar si es necesario.

Echar el arroz, remover y cocer destapado a fuego medio de 16 a 18 minutos.

Probar unos granos de arroz para verificar el punto de cocción.

Retirar del fuego, servir y dejar reposar un poco en los platos.

ARROZ AL HORNO CON MORCILLA Y VERDURAS

INGREDIENTES:

PARA 4 PERSONAS

2	MORCILLAS DE CEBOLLA
2	REBANADAS DE TOCINO FRESCO ENTREVERADO
500	GRAMOS DE GUISANTES FRESCOS
500	GRAMOS DE HABAS TIERNAS
6	AJOS TIERNOS (AJETES)
400	GRAMOS DE ARROZ DE GRANO MEDIO
1	DECILITRO DE ACEITE DE OLIVA (1 TACITA)
	AZAFRÁN, SAL, PIMENTÓN
1	LITRO DE AGUA
1	CAZUELA PLANA DE BARRO DE 35 CENTÍMETROS DE DIÁMETRO

Desgranar los guisantes y las habas. Cocerlos tapados en 1 litro de agua, con un poco de sal y una pizca de azafrán.

Limpiar y trocear los ajos tiernos.

Encender el horno a 200 °C (muy caliente).

Calentar el aceite en una sartén, al fuego y freír las morcillas enteras y las rebanadas de tocino. Sacar las morcillas y reservarlas.

Sacar el tocino y trocearlo a cuadritos.

Freír ligeramente los ajos tiernos en ese mismo aceite. Añadir una cucharadita de pimentón y enseguida un poco del agua de la cocción de los guisantes y habas.

Pasar todo esto a una cazuela plana de barro con las morcillas enteras y el tocino troceado.

Añadir los guisantes y las habas con el agua de la coccion.

Probar el punto de sal y rectificar si es necesario.

Poner la cazuela de barro con todos estos ingredientes en el fuego y cuando rompa a hervir echar el arroz, repartirlo por igual y meter en el horno caliente a 200 °C durante 15 a 18 minutos.

Probar unos granos de arroz para verificar el punto de cocción.

Cuando esté, sacar la cazuela y servir de inmediato porque el calor del barro sigue cociendo el arroz y puede «pasarse» abriéndose entonces los granos.

PIMIENTOS RELLENOS DE ARROZ (AL HORNO)

INGREDIENTES:

PARA 4 PERSONAS

4	PIMIENTOS ROJOS Y GRANDES (DE 150 GRAMOS CADA UNO APROXIMADAMENTE)
250	GRAMOS DE MAGRO DE CERDO PICADO
250	GRAMOS DE TOMATES MADUROS
1	CEBOLLA MEDIANA
200	GRAMOS DE ARROZ DE GRANO MEDIO
1	DECILITRO DE ACEITE DE OLIVA (1 TACITA)
1	CUCHARADITA DE AZÚCAR
1	PIZCA DE ORÉGANO
	SAL

Lavar los pimientos, escurrirlos, cortarles un casquete, como una tapadera y quitarles las semillas, colocándolos de pie en una cazuela honda de barro para horno.

Pelar y picar los tomates.

Pelar y rallar la cebolla.

Encender el horno a 200 °C (muy caliente).

Calentar el aceite en una sartén al fuego, freír la cebolla y cuando empiece a dorarse, añadir el magro. Darle unas vueltas e incorporar los tomates, un poco de sal, una pizca de orégano y una cucharadita de azúcar.

Freír a fuego lento durante 15 minutos.

Probar el punto de sal y rectificar si es necesario.

Añadir el arroz, remover, dejar que empiece a cocer, retirar del fuego y rellenar entonces con esta mezcla los pimientos, sujetando los casquetes con unos palillos.

Meterlos al horno durante una hora aproximadamente.

Si los pimientos se doran demasiado, taparlos con un papel de aluminio.

Quitar los casquetes y probar unos granos de arroz para verificar el punto de cocción.

Pasar los pimientos a una fuente y servirlos partidos en dos mitades, cortándolos verticalmente.

Arroces con carnes de caza

Arroces con carnes de caza

Estos arroces, debido a las características de la caza, requieren a veces un procedimiento distinto, ya que estas carnes suelen ser duras y necesitan más tiempo de cocción que los otros ingredientes que las acompañan. Por tanto, habrá más evaporación y hay que vigilar la cantidad de caldo que queda, antes de añadir el arroz.

ARROZ CON CONEJO AL HORNO

INGREDIENTES:

PARA 4 PERSONAS

500	GRAMOS DE CONEJO
250	GRAMOS DE COSTILLA DE CERDO
100	GRAMOS DE TOCINO MAGRO
2	MORCILLAS DE CEBOLLA
100	GRAMOS DE GARBANZOS
1	TOMATE
2	DIENTES DE AJO
300	GRAMOS DE ARROZ DE GRANO MEDIO
1/2	DECILITRO DE ACEITE DE OLIVA (1/2 TACITA)
	AZAFRÁN, SAL Y PIMENTÓN
1	LITRO DE AGUA
1	CAZUELA DE BARRO PLANA DE 35 CENTÍMETROS DE DIÁMETRO

Poner en remojo los garbanzos con agua la víspera.

Trocear el conejo, las costillas y el tocino.

Pelar y picar el tomate y los dientes de ajo.

Poner a cocer los garbanzos en un recipiente, al fuego, con 1 litro de agua.

Calentar el aceite en una sartén, freír la carne y las costillas. Verterlas en el recipiente donde están cociendo los garbanzos, y cuando estén casi cocidos, añadir las morcillas, un poco de sal y una pizca de azafrán.

A los 15 minutos de poner las morcillas, colar el caldo.

Probar el punto de sal y rectificar si es necesario.

Encender el horno a 200 °C (muy caliente).

Poner los trocitos de tocino en la cazuela de barro, al fuego. Cuando empiecen a freír, añadir el tomate y los ajos picados, luego, media cucharadita de pimentón y el arroz.

Remover con rapidez, agregar medio litro del caldo caliente e igualar el arroz.

Poner por encima los trozos de conejo, las morcillas partidas por la mitad y los garbanzos.

Cuando rompa a hervir, meter al horno caliente y cocer de 15 a 18 minutos.

Probar unos granos de arroz para verificar el punto de coccion.

Retirar del horno y servir de inmediato.

ARROZ CON CONEJO Y VERDURAS (EN PAELLA)

INGREDIENTES:

PARA 4 PERSONAS

750	GRAMOS DE CONEJO
250	GRAMOS DE JUDÍAS VERDES
250	GRAMOS DE ESPINACAS
100	GRAMOS DE TOMATE
1	DIENTE DE AJO
400	GRAMOS DE ARROZ DE GRANO MEDIO
1	DECILITRO DE ACEITE DE OLIVA (1 TACITA)
	AZAFRÁN, SAL, PIMENTÓN
2	LITROS DE AGUA
1	PAELLA DE 40 CENTÍMETROS DE DIÁMETRO

Trocear el conejo.

Lavar las espinacas, trocearlas, enjuagarlas en agua abundante y escurrirlas.

Despuntar las judías verdes, enjuagarlas.

Pelar y picar el tomate y el diente de ajo.

Calentar el aceite en una paella al fuego, freír los trozos de conejo dándoles vueltas para que se doren.

Añadir luego las judías verdes, después las espinacas; rehogar luego el tomate y el ajo, agregar media cucharadita de pimentón y el agua.

Poner un poco de sal y una pizca de azafrán.

Cocer durante una hora aproximadamente (según como sea de tierna la carne).

Probar el punto de sal, rectificar si es necesario.

Echar el arroz, repartir por igual.

Cocer a fuego vivo los 10 primeros minutos y a fuego gradualmente rebajado los 8 o 10 minutos restantes.

Probar unos granos de arroz para verificar el punto de cocción.

Retirar del fuego, dejar reposar 5 minutos y servir.

ARROZ CON PALOMA TORCAZ (EN CAZUELA)

INGREDIENTES:

PARA 4 PERSONAS

2	PALOMAS TORCACES
4	ALCACHOFAS NATURALES
750	GRAMOS DE GUISANTES FRESCOS (O 200 GRAMOS CONGELADOS)
100	GRAMOS DE TOMATE
1	DIENTE DE AJO
200	GRAMOS DE ARROZ DE GRANO MEDIO
1	DECILITRO DE ACEITE DE OLIVA (1 TACITA)
	AZAFRÁN, SAL, PIMENTÓN
2	LITROS DE AGUA

Limpiar las palomas y partirlas por la mitad.

Limpiar las hojas duras de las alcachofas, cortar las puntas, partirlas en cuatro trozos y ponerlas en agua con unas gotas de limón.

Desgranar los guisantes.

Pelar y picar los tomates y los ajos.

Calentar el aceite en una cazuela al fuego y freír las palomas, dándoles vuelta para que se doren por igual. Añadir el tomate y el ajo picados, luego, media cucharadita de pimentón y los 2 litros de agua.

Poner un poco de sal y una pizca de azafrán y cocer durante una hora aproximadamente.

Añadir las alcachofas y los guisantes y cocer 30 minutos más.

Probar el punto de sal y rectificar si es necesario.

Debe de quedar un litro de caldo después de cocer.

Agregar el arroz y cocer a fuego medio durante 18 a 20 minutos.

Probar unos granos de arroz para verificar el punto de coccion.

Retirar del fuego y servir de inmediato.

ARROZ CON PATO AL HORNO

INGREDIENTES:

PARA 4 PERSONAS

	UN PATO DE 1 KILO
125	GRAMOS DE GARBANZOS
1	PIMIENTO
1	TOMATE MEDIANO
400	GRAMOS DE ARROZ DE GRANO MEDIO
1	DECILITRO DE ACEITE DE OLIVA (1 TACITA)
	UNAS RAMITAS DE PEREJIL
	AZAFRÁN, PIMENTÓN, SAL
$1^1/_2$	LITROS DE AGUA
1	CAZUELA PLANA DE BARRO DE 30 CENTÍMETROS DE DIÁMETRO

Poner los garbanzos en remojo con agua la víspera.

Limpiar el pato y trocearlo.

Lavar y trocear el pimiento quitando semillas y tallo.

Pelar y picar el tomate.

Cortar fino el perejil.

Poner a cocer los garbanzos en $1^1/_2$ litros de agua.

A los 30 minutos, calentar 1/2 decilitro de aceite en una sartén y freír el pato troceado, añadirlo a los garbanzos y continuar cociendo entre 45 y 60 minutos. Añadir un poco de sal y una pizca de azafrán.

Encender el horno a 200 °C (muy caliente).

Calentar el otro 1/2 decilitro de aceite en una cazuela de barro plana, freír el pimiento, luego el tomate picado y media cucharadita de pimentón. Añadir el arroz, remover con rapidez y agregar tres cuartos de litro del caldo caliente.

Probar el punto de sal y rectificar si es necesario.

Igualar el arroz, poner por encima los trozos de pato y los garbanzos y meter al horno caliente de 15 a 18 minutos.

Probar unos granos de arroz para verificar el punto de cocción.

Retirar del horno y servir de inmediato.

ARROZ CON PERDIZ Y CONEJO (EN PAELLA)

INGREDIENTES:

PARA 4 PERSONAS

2	PERDICES
1	CONEJO DE MONTE DE 1 KILO
200	GRAMOS DE JUDÍAS VERDES
200	GRAMOS DE «GARROFÓN» FRESCO (O 100 GRAMOS SI ES SECO: PONER EN REMOJO 12 HORAS)
2	TOMATES (200 GRAMOS)
2	DIENTES DE AJO
1	RAMITA DE ROMERO FRESCO
400	GRAMOS DE ARROZ DE GRANO MEDIO
2	DECILITROS DE ACEITE DE OLIVA (2 TACITAS)
	AZAFRÁN, PIMENTÓN, SAL
3	LITROS DE AGUA
1	PAELLA DE 45 CENTÍMETROS DE DIÁMETRO

Limpiar y trocear las perdices. Partirlas por la mitad.

Trocear el conejo.

Pelar y picar los tomates y los ajos.

Desgranar el «garrofón» (si es fresco), despuntar las judías.

Calentar 1 decilitro del aceite en una cazuela amplia y freír las perdices y el conejo dándoles vuelta para que se doren.

Freír luego la mitad del tomate y ajo picados.

Añadir $^1/_2$ cucharadita de pimentón y verter 3 litros de agua.

Poner un poco de sal y cocer durante una hora aproximadamente (según como sea la carne de tierna).

Si el «garrofón» es seco y puesto en remojo, cocer al mismo tiempo que la carne.

Al cabo de este tiempo añadir las judías verdes y el «garrofón» si es fresco. Agregar una pizca de azafrán y seguir cociendo 20 minutos.

Calentar 1 decilitro de aceite en una paella al fuego.

Freír la otra parte del tomate y ajo picados, luego, añadir media cucharadita de pimentón y el arroz, dándole vueltas con rapidez.

Agregar 1 $^1/_4$ litros del caldo (donde han cocido las perdices y el conejo), los trozos de carne y las verduras, repartiéndolas por igual.

Poner una ramita de romero fresco.

Probar el punto de sal y rectificar si es necesario.

Cocer a fuego vivo los 10 primeros minutos y gradualmente rebajado los 8 o 10 minutos restantes.

Probar unos granos de arroz para verificar el punto de cocción.

Retirar del fuego, dejar resposar 5 minutos y servir.

Arroces con pescados

Arroces con pescados

Muchos de estos arroces se preparan teniendo como base un buen «fondo» o caldo en el que se hayan cocido pescados de distintas clases, normalmente los llamados «de roca».

En los puertos de mar suele encontrarse una mezcla de pescados pequeños que llaman «moralla o boliche» (cuyo precio suele ser inferior al de otras especies), y que son muy apropiados para estos caldos básicos.

También pueden sustituirse las cigalas, en muchos casos, por las «galeras», por los cangrejos de mar, o por gambas de las muchas variedades que existen.

Igualmente, las cabezas y espinas de merluza, gallos, congrio, rape, etc., aportan sabor y aumentan la calidad del caldo.

Precisamente, por este motivo, habrá que ser prudentes con la sal ya que, a mayor concentración de sabor de pescado, menos cantidad de sal requiere el caldo base.

La amplitud de nuestras costas y la diversidad de nombres que se dan a veces a las mismas especies, hace difícil identificarlas (sin verlas), cuando se leen los ingredientes de una receta.

CALDO DE PESCADO (PARA ARROCES, FIDEUÁ, SOPA, ETC.)

INGREDIENTES:

PARA 4 PERSONAS

2	KILOS DE PESCADO DE ROCA VARIADO (RAPE PEQUEÑO, ESCÓRPORA, PAJEL, GALLINETA, KABRACHO, CINTAS, ETC.)
1	CEBOLLA MEDIANA
1	TOMATE MEDIANO
2	DECILITRO DE ACEITE DE OLIVA (2 TACITAS)
	PIMENTÓN, SAL
2 1/2	LITROS DE AGUA

Pelar y trocear la cebolla.

Lavar y trocear, sin pelar, el tomate.

Calentar el aceite en una cazuela amplia al fuego, dorar la cebolla, luego, freír el tomate, añadir una cucharadita de pimentón y los 2 litros y medio de agua.

Poner el pescado, un poco de sal y cocer tapado a fuego lento 30 minutos.

Pasar el caldo por colador, apartar el pescado, quitarle piel y espinas y reservar la carne.

Con este FONDO O BASE de pescado se pueden preparar, ateniéndose a la receta correspondiente, varios arroces.

ARROZ A BANDA (EN PAELLA)

INGREDIENTES:

PARA 4 PERSONAS

1	KG DE PESCADO VARIADO: 250 GRAMOS DE RAPE, 500 GRAMOS DE KABRACHO, 250 GRAMOS DE PAJEL, ESCÓRPORA, GALLINETA, MERO, ETC.
250	GRAMOS DE SEPIA PEQUEÑA O CHIPIRONES
4	PATATAS MEDIANAS
4	CEBOLLAS MEDIANAS
100	GRAMOS DE TOMATE
2	DIENTES DE AJO
400	GRAMOS DE ARROZ DE GRANO MEDIO
$1^{1}/_{2}$	DECILITROS DE ACEITE DE OLIVA ($1^{1}/_{2}$ TACITAS)
	AZAFRÁN, SAL, PIMENTÓN
$1^{1}/_{2}$	LITROS DE AGUA
1	PAELLA DE 40 CENTÍMETROS DE DIÁMETRO

PARA LA SALSA ALL-I-OLI:

2 o 3	DIENTES DE AJO
1	YEMA DE HUEVO
	ACEITE DE OLIVA
	SAL, ZUMO DE LIMÓN

Limpiar el pescado, enjuagar y dejarlo escurrir.

Limpiar la sepia o chipirones y trocearlos.

Pelar las patatas y las cebollas y enjuagarlas.

Pelar y picar el tomate y los ajos.

Calentar en una cazuela amplia 1/2 decilitro de aceite, al fuego. Freír las cebollas y las patatas enteras dándoles vuelta para que se doren.

Añadir 1/2 cucharadita de pimentón y el $1^{1}/_{2}$ litro de agua. Poner un poco de sal.

Cocer tapado a fuego medio durante 30 minutos aproximadamente.

Cuando estén las patatas y cebollas casi cocidas, poner sobre ellas el pescado, rebajar el fuego al mínimo y mantener así durante 10 a 15 minutos.

Retirar del fuego y mantener tapado.

Calentar 1 decilitro del aceite en la paella al fuego, freír la sepia o chipirones y luego los ajos y el tomate.

Añadir 1 cucharadita de pimentón y enseguida $1^1/_4$ escaso del caldo donde ha cocido el pescado, y el azafrán.

Probar el punto de sal, rectificar si es necesario.

Cuando rompa a hervir, echar el arroz, igualarlo y cocer los 10 primeros minutos a fuego vivo y luego, gradualmente rebajado, los 8 o 10 minutos restantes.

Probar unos granos de arroz para verificar el punto de cocción.

Retirar del fuego, dejar reposar unos minutos y servir.

Como segundo plato se sirve el pescado, desespinado y acompañado con las patatas y cebollas cocidas y un poco de caldo.

En salsera aparte se sirve el all-i-oli o alguna salsa marinera.

Forma de preparar el all-i-oli

Machacar en un mortero 2 o 3 dientes de ajo, hasta que queden como una crema. Añadir una yema de huevo, remover con la maza para que vaya ligando con los ajos, y muy poco a poco incorporar el aceite, que ha de ir cayendo como un hililo muy fino, mientras se va dando vueltas sin parar a la maza, para que vaya ligando todo el conjunto.

Al final se le añade un poco de sal, y si se quiere un chorrito de zumo de limón.

Esta salsa ha de quedar muy densa.

Nota: Arroz «a banda» quiere decir «aparte» porque se sirve primero el arroz y luego, aparte, el pescado con las patatas, las cebollas y el all-i-oli.

ARROZ CON ANGUILAS O CONGRIO Y ALUBIAS (EN PAELLA)

INGREDIENTES:

PARA 4 PERSONAS

600	GRAMOS DE ANGUILAS O CONGRIO
150	GRAMOS DE ALUBIAS SECAS
100	GRAMOS DE TOMATE
4	DIENTES DE AJO
400	GRAMOS DE ARROZ DE GRANO MEDIO
1	DECILITRO DE ACEITE DE OLIVA (1 TACITA)
	AZAFRÁN, SAL, PIMENTÓN
2	LITROS DE AGUA
1	PAELLA DE 40 CENTÍMETROS DE DIÁMETRO

Poner las alubias a remojo la víspera.

Cocerlas con los 2 litros de agua fría, poniéndoles hacia el final de la cocción un poco de sal y una pizca de azafrán.

Lavar, limpiar y trocear las anguilas o congrio.

Pelar y picar el tomate y los ajos.

Calentar el aceite en una paella al fuego, freír los ajos y el tomate, luego, media cucharadita de pimentón y después el arroz, removiéndolo con rapidez. Añadir enseguida las alubias y un litro y cuarto escaso del caldo donde han cocido.

Cuando rompa a hervir, incorporar las anguilas o congrio e igualar el arroz.

Probar el punto de sal, rectificar si es necesario.

Cocer a fuego vivo los 10 primeros minutos y los 8 o 10 restantes a fuego gradualmente rebajado.

Probar unos granos de arroz para verificar el punto de cocción.

Retirar del fuego, dejar reposar cinco minutos y servir.

ARROZ CON ANGUILAS O CONGRIO Y GUISANTES (EN CAZUELA)

INGREDIENTES:

PARA 4 PERSONAS

500	GRAMOS DE ANGUILAS O CONGRIO
500	GRAMOS DE GUISANTES FRESCOS
100	GRAMOS DE TOMATE
4	DIENTES DE AJO
400	GRAMOS DE ARROZ DE GRANO MEDIO
1	DECILITRO DE ACEITE DE OLIVA (1 TACITA)
	AZAFRÁN, SAL
1	ÑORA (PIMIENTO SECO)
	UNAS RAMITAS DE PEREJIL
1 1/4	LITROS DE AGUA

Lavar, limpiar y trocear las anguilas o congrio.

Desgranar los guisantes.

Pelar los ajos y dejarlos enteros.

Calentar el aceite en una cazuela al fuego, freír la ñora y sacarla.

En ese aceite, freír los ajos y sacarlos.

Machacar en el mortero, la ñora, los ajos y el perejil.

En la cazuela y con el mismo aceite, freír las anguilas o congrio y luego el tomate, añadir el agua y poner un poco de sal y una pizca de azafrán.

Cuando rompa a hervir, agregar los guisantes, y dejar cocer tapado 20 minutos.

Incorporar la ñora, ajos y perejil picados en el mortero.

Probar el punto de sal y rectificar si es necesario.

Echar el arroz, remover y cocer destapado, a fuego medio de 18 a 20 minutos.

Probar unos granos de arroz para verificar el punto de cocción.

Retirar del fuego, servir de inmediato y dejar reposar un poco en los platos.

ARROZ CON ATÚN FRESCO (MELOSO)

INGREDIENTES:

PARA 4 PERSONAS

500 GRAMOS DE ATÚN FRESCO
150 GRAMOS DE ALUBIAS BLANCAS SECAS
100 GRAMOS DE TOMATE
2 DIENTES DE AJO
200 GRAMOS DE ARROZ DE GRANO MEDIO
1 DECILITRO DE ACEITE DE OLIVA (1 TACITA)
AZAFRÁN, SAL, PIMENTÓN
2 LITROS DE AGUA

Poner en remojo las alubias la víspera.

Al día siguiente, cocerlas en una olla con 2 litros de agua fría, añadiéndoles hacia el final un poco de sal.

Limpiar y trocear el atún fresco.

Pelar y picar los ajos y el tomate.

Calentar el aceite en una cazuela al fuego, freír los trozos de atún, sacarlos y reservarlos.

Freír los ajos y el tomate y luego media cucharadita de pimentón. Añadir enseguida las alubias y 1 litro del caldo donde han cocido.

Probar el punto de sal y rectificar si es necesario. Añadir una pizca de azafrán.

Cuando rompa a hervir, echar el arroz y los trozos de atún reservados, remover y cocer destapado, a fuego medio, de 18 a 20 minutos.

Probar unos granos de arroz para verificar el punto de cocción. Retirar el fuego y servir enseguida, dejando reposar un poco en los platos.

ARROZ EN CALDERO, «CALDERO MURCIANO»

INGREDIENTES:

Para 4 personas

INGREDIENTES PARA EL CALDO Y EL ARROZ:

- 500 gramos de Mújol
- 500 gramos de gallina de mar
- 500 gramos de dorada (o 250 gramos de mero y 250 gramos de rape)
- 2 ñoras (pimientos secos)
- 2 tomates maduros (200 g)
- 1 cabeza de ajos
- 400 gramos de arroz de grano medio
- 2 decilitro de aceite de oliva (2 tacitas)
- 2 litros de agua
- Azafrán, sal, pimentón

INGREDIENTES PARA LA SALSA AJO-ACEITE QUE ACOMPAÑA AL ARROZ:

- 1 cabeza de ajos pequeña
- 1 patata pequeña
- 1 taza de caldo de pescado
- 1 yema de huevo
- Aceite de oliva
- Sal, pimienta

INGREDIENTES PARA LA SALSA QUE ACOMPAÑA AL PESCADO:

- 1 ñora
- 3 dientes de ajo

1 DECILITRO DE CALDO DE PESCADO

ACEITE DE OLIVA

PIMENTÓN, PEREJIL, SAL

ZUMO DE LIMÓN

Preparación del caldo

Limpiar el pescado, enjuagarlo, escurrirlo, separar las cabezas y cortar el resto en rodajas.

Limpiar la cabeza de ajos, enjuagarla, escurrirla y dejarla sin pelar.

Pelar y picar los tomates.

Calentar el aceite en una olla de hierro, «caldero» o en una cazuela amplia al fuego.

Freír las ñoras y la cabeza de ajos, sacarlas y reservarlas. Pelar los ajos fritos.

En ese aceite freír el pescado.

Mientras tanto, picar en el mortero las ñoras y los ajos fritos, verter esto sobre el pescado.

Añadir y freír a continuación el tomate, y por último una cucharadita de pimentón.

Agregar 1 $^1/_2$ litros de agua hirviendo y un poco de sal.

Cocer a fuego lento 10 minutos, sacar las rodajas de pescado, pasarlas a una fuente y reservarlas al calor.

Poner la patata pelada y entera.

Continuar cociendo el caldo con el resto de los ingredientes.

15 minutos después, sacar la patata y reservarla para la salsa.

Pasar el caldo por un colador fino, machacando un poco para extraer bien el jugo.

Probar el punto de sal y rectificar si es necesario.

Apartar 1 tacita de caldo para la salsa.

Poner en el caldero1 $1^{1}/_{4}$ litros del caldo filtrado y cuando hierva echar el arroz y cocer a fuego medio, de 18 a 20 minutos.

Probar unos granos de arroz para verificar el punto de cocción. El arroz debe quedar entre seco y caldoso.

Retirarlo del fuego y servir. Acompañarlo de la salsa ajo-aceite.

Forma de preparar la salsa ajo-aceite

Pelar la cabeza de ajos y machacarla en el mortero.

Añadir y machacar también la patata cocida con el caldo del pescado. Agregar la yema de huevo y trabajar con la maza del mortero hasta conseguir una crema.

Seguir moviendo, y añadir gota a gota el aceite hasta que ligue como una mayonesa. Sazonarlo con sal.

Servir acompañando al arroz.

Como segundo plato se sirven las rodajas del pescado con la siguiente salsa.

Forma de preparar la salsa para el pescado

Freír una ñora y machacarla en el mortero con 3 dientes de ajo pelados y 3 ramitas de perejil, añadir 1 tacita del caldo del pescado, 2 cucharadas soperas de aceite de oliva, el zumo de un limón, una pizca de pimentón y un poco de sal.

Batir mezclando bien y servir en salsera.

Nota: La ñora es un pimiento seco dulce. El mújol es un pescado del Mediterráneo, muy abundante en el Mar Menor.

ARROZ CON CARABINEROS, GUISANTES Y ALCACHOFAS (CALDOSO)

INGREDIENTES:

PARA 4 PERSONAS

4	CARABINEROS GRANDES
500	GRAMOS DE GUISANTES FRESCOS CON VAINA (O 250 GRAMOS DESGRANADOS)
4	ALCACHOFAS MEDIANAS
125	GRAMOS DE SEPIA (JIBIA) O CALAMARES PEQUEÑOS
100	GRAMOS DE TOMATE
2	DIENTES DE AJOS
200	GRAMOS DE ARROZ DE GRANO MEDIO
1/2	DECILITRO DE ACEITE DE OLIVA (1/2 TACITA)
	AZAFRÁN, SAL, PIMENTÓN
$1^1/_4$	LITROS DE AGUA

Lavar y escurrir los carabineros. Limpiar y trocear la sepia o calamares.

Limpiar las alcachofas, quitando las hojas duras y cortando las puntas. Ponerlas en agua con zumo de limón.

Desgranar los guisantes.

Pelar y picar los ajos y el tomate.

Calentar el aceite en una cazuela al fuego, freír los carabineros, sacarlos y reservarlos.

En ese mismo aceite, freír la sepia o calamares, luego los ajos y el tomate y, por último, $^1/_2$ cucharadita de pimentón.

Añadir enseguida el agua, un poco de sal y una pizca de azafrán.

Cuando hierva, poner las alcachofas y los guisantes. Cocer 30 minutos. Probar el punto de sal y rectificar si es necesario

Al cabo de ese tiempo, incorporar los carabineros y cuando rompa nuevamente a hervir, echar el arroz, revolver y cocerlo destapado, a fuego medio, de 16 a 18 minutos.

Probar unos granos de arroz para verificar el punto de cocción

Retirar del fuego y servir inmediatamente, dejándolo reposar un poco en los platos.

ARROZ CON CENTOLLO (EN PAELLA)

INGREDIENTES:

PARA 4 PERSONAS

- 2 CENTOLLOS, UNO MACHO Y OTRO HEMBRA
- 1 CEBOLLA MEDIANA
- 1 TOMATE MEDIANO
- 1 PIMIENTO VERDE (100 GRAMOS)
- 4 DIENTES DE AJO
- UNAS RAMITAS DE PEREJIL
- 400 GRAMOS DE ARROZ DE GRANO MEDIO
- $3^{1}/_{2}$ DECILITROS DE ACEITE DE OLIVA ($3^{1}/_{2}$ TACITAS)
- AZAFRÁN, SAL, PIMENTÓN
- 2 LITROS DE AGUA
- 1 PAELLA DE 40 CENTÍMETROS DE DIÁMETRO

Limpiar los centollos.

Pelar y rallar la cebolla.

Lavar, quitar las semillas v trocear el pimiento.

Pelar y picar los ajos y el tomate.

Calentar 2 decilitros de aceite en una cazuela al fuego. Freír los centollos, sacarlos y trocearlos. Reservar la carne. Apartar las huevas y la masa gris. Reservar también los caparazones y las patas.

Machacar en el mortero 2 dientes de ajo con un pellizco de sal, añadir las huevas y la masa gris e ir incorporando poco a poco 1 decilitro de aceite formando una salsa. Reservarla.

En el aceite donde se han frito los centollos, dorar la cebolla, luego los ajos, freír después el tomate y añadir la salsa picada en el mortero. Rehogar todo esto unos minutos, incorporar una cucharadita de pimentón y enseguida el agua.

Echar en este caldo los trozos de caparazón y patas, etc.

Añadir un poco de sal y cocer tapado, a fuego medio, 30 minutos.

Pasar el caldo por un colador fino.

Calentar 1/2 decilitro de aceite en una paella al fuego. Freír la carne del centollo 2 minutos, añadir una pizca de pimentón, enseguida el arroz, revolver con rapidez e incorporar $1^1/_4$ litros escasos del caldo colado, y una pizca de azafrán.

Probar el punto de sal y rectificar si es necesario.

Igualar el arroz y cocer los 10 primeros minutos a fuego vivo, y los 8 o 10 restantes a fuego gradualmente rebajado.

Probar unos granos de arroz para verificar el punto de cocción.

Retirar del fuego, dejar reposar cinco minutos y servir.

ARROZ CON CHIPIRONES Y CARABINEROS (EN PAELLA)

INGREDIENTES:

PARA 4 PERSONAS

250	GRAMOS DE CHIPIRONES
4	CARABINEROS GRANDES
500	GRAMOS DE MEJILLONES
1	CEBOLLA MEDIANA
1	HOJITA DE LAUREL
100	GRAMOS DE TOMATE
2	DIENTES DE AJO
400	GRAMOS DE ARROZ DE GRANO MEDIO
1 1/2	DECILITROS DE ACEITE DE OLIVA (1 1/2 TACITAS)
	AZAFRÁN, SAL, PIMENTÓN
1 1/2	LITROS DE AGUA
1	PAELLA DE 40 CENTÍMETROS DE DIÁMETRO

Limpiar los chipirones y enjuagar los carabineros; escurrirlos.

Limpiar los mejillones.

Pelar y picar el tomate y los ajos. Pelar la cebolla y trocearla.

Cocer los mejillones al vapor.

Calentar 1/2 decilitro de aceite en una cazuela al fuego, freír los carabineros, sacarlos, luego la cebolla troceada, añadir por último 1/2 cucharadita de pimentón y enseguida el agua y la hojita de laurel.

Pelar los carabineros y reservar las colas limpias. Machacar en un mortero las cabezas y las peladuras y echarlas en el caldo.

Poner un poco de sal y una pizca de azafrán.

Cocer 20 minutos y pasar el caldo por un colador fino, agregando el caldo filtrado de la cocción de los mejillones.

Calentar 1 decilitro de aceite en una paella al fuego, freír los chipirones, luego los ajos y después el tomate.

Añadir 1/2 cucharadita de pimentón y $1^1/_4$ litros escasos del caldo de los carabineros. Probar el punto de sal y rectificar si es necesario.

Cuando rompa a hervir, echar el arroz, repartirlo por igual.

Cocer a fuego vivo los 10 primeros minutos. Poner por encima las colas de los carabineros y los mejillones abiertos (sólo media concha), y cocer 8 o 10 minutos más a fuego gradualmente rebajado.

Probar unos granos de arroz para verificar el punto de cocción.

Retirar del fuego, dejar reposar unos minutos y servir.

ARROZ CON LANGOSTA O CON LANGOSTINOS (EN PAELLA)

INGREDIENTES:

PARA 4 PERSONAS

	UNA LANGOSTA DE 500 GRAMOS, APROXIMADAMENTE, O 500 GRAMOS DE LANGOSTINOS
500	GRAMOS DE CABEZA DE PESCADO (RAPE, MERLUZA, ETC.)
1	CEBOLLA MEDIANA
1	HOJA DE LAUREL
3	RAMITAS DE PEREJIL
2	TOMATES MEDIANOS
2	DIENTES DE AJO
400	GRAMOS DE ARROZ DE GRANO MEDIO
3	DECILITROS DE ACEITE DE OLIVA (3 TACITAS)
	AZAFRÁN, SAL, PIMENTÓN
	UNA PIZCA DE PIMIENTA BLANCA MOLIDA
2	LITROS DE AGUA
1	PAELLA DE 40 CENTÍMETROS DE DIÁMETRO

Lavar y trocear sin pelar uno de los tomates; pelar y picar el otro.

Pelar y picar los ajos.

Pelar y trocear la cebolla.

Calentar 2 decilitros de aceite en una cazuela amplia al fuego y freír la langosta. Sacarla y reservarla.

En ese aceite freír la cabeza de pescado, pasada por harina, sacarla y reservarla.

Continuar friendo la cebolla y el tomate troceados. Añadir luego 1/2 cucharadita de pimentón y enseguida el agua.

Mientras tanto se pela la langosta, se reserva y trocea su carne.

Machacar la cabeza y las patas, aplastándolas con la maza del mortero.

Incorporar todo esto, junto con la cabeza de pescado frita, a la cazuela con el caldo. Añadir el laurel y el perejil.

Poner un poco de sal y una pizca de azafrán y cocer tapado a fuego medio durante 30 minutos.

Una vez preparado el caldo, pasarlo por un colador fino y reservarlo.

Calentar 1 decilitro de aceite en una paella al fuego y freír la carne de la langosta troceada, luego los ajos y el tomate picados y después 1/2 cucharadita de pimentón, añadiendo enseguida $1^1/_4$ litros escasos de caldo de pescado preparado. Agregar una pizca de pimienta blanca molida.

Probar el punto de sal, rectificar si es necesario.

Cuando rompa a hervir, se echa el arroz y se reparte por igual.

Cocer los 10 primeros minutos a fuego vivo y gradualmente rebajado los 8 a 10 minutos restantes.

Probar unos granos de arroz para verificar el punto de cocción.

Retirar del fuego, dejar reposar unos minutos y servir.

ARROZ A LA MARINERA (EN PAELLA)

INGREDIENTES:

PARA 4 PERSONAS

250	GRAMOS DE RAPE
250	GRAMOS DE CIGALAS PEQUEÑAS O GAMBAS
4	CIGALAS O CARABINEROS
250	GRAMOS DE CALAMARES
1	CABEZA DE MERLUZA
500	GRAMOS DE MEJILLONES
2	TOMATES MEDIANOS
1	CEBOLLA MEDIANA
1	DIENTE DE AJO
400	GRAMOS DE ARROZ DE GRANO MEDIO
2	DECILITROS DE ACEITE DE OLIVA (2 TACITAS)
	AZAFRÁN, SAL, PIMENTÓN
	HARINA PARA REBOZAR
$1^3/_4$	LITROS DE AGUA
1	PAELLA DE 40 CENTÍMETROS DE DIÁMETRO

Preparación del caldo

Enjuagar y escurrir el pescado y los 250 gramos de cigalas o gambas. Ponerles un poco de sal.

Pasar por harina el rape y la cabeza de merluza.

Lavar un tomate y partirlo en trozos.

Pelar la cebolla y trocearla.

Calentar 1decilitro de aceite en una cazuela amplia, al fuego y freír las cigalas o gambas. Sacarlas y reservarlas.

En ese aceite freír el rape y la cabeza de merluza. Sacarlos.

A continuación, freír la cebolla y cuando empiece a dorarse, el tomate.

Añadir una cucharadita de pimentón y el $1^3/_4$ litros de agua.

Poner un poco de sal.

Mientras tanto limpiar, de piel y espinas, el pescado que se ha frito, echar éstas en el caldo y reservar la carne.

Pelar las cigalas o gambas fritas, machacar en el mortero las cabezas, los caparazones y las patas y echarlas en el caldo. Reservar las colas limpias.

Tapar la cazuela y cocer, a fuego medio, 30 minutos.

Pasar el caldo por un colador fino.

Cocer los mejillones al vapor. Quitarles la media concha vacía, reservar la otra media, colar el caldo que hayan soltado e incorporarlo al caldo de pescado.

Preparación del arroz

Limpiar y trocear los calamares.

Pelar y picar el tomate y el ajo.

Enjuagar, escurrir y poner un poco de sal a las 4 cigalas o carabineros.

Calentar el caldo de pescado, añadir una pizca de azafrán.

Poner 1 decilitro de aceite en una paella al fuego y freír las 4 cigalas o carabineros, luego los calamares (con precaución porque salta el aceite) y después el ajo y el tomate.

Cuando ya esté sofrito, añadir una cucharadita de pimentón, el arroz y revolver con rapidez.

Poner $1^1/_4$ litros escasos del caldo de pescado caliente.

Probar el punto de sal y rectificar si es necesario.

Cocer a fuego vivo los 10 primeros minutos, añadir la carne del pescado y las colas de las cigalas y gambas peladas que se tenían reservadas.

Rebajar gradualmente el fuego y cocer de 8 a 10 minutos más.

Probar unos granos de arroz para verificar el punto de cocción.

Colocar los mejillones adornando por encima.

Retirar del fuego, dejar reposar cinco minutos y servir.

«ARRÒS NEGRE» ARROZ NEGRO (EN PAELLA)

INGREDIENTES:

PARA 4 PERSONAS

- 400 GRAMOS DE SEPIA PEQUEÑA (JIBIA) O CHIPIRONES
- LA TINTA DE ELLOS MISMOS, O 4 PAQUETITOS DE TINTA DE CALAMAR
- 100 GRAMOS DE TOMATES
- 2 DIENTES DE AJO
- 400 GRAMOS DE ARROZ DE GRANO MEDIO
- 1 DECILITRO DE ACEITE DE OLIVA (1 TACITA)
- SAL, PIMENTÓN
- 1 LITRO DE CALDO DE PESCADO (SEGÚN RECETA DADA ANTERIORMENTE, PÁG. 108)
- 1 PAELLA DE 40 CENTÍMETROS DE DIÁMETRO

Limpiar la sepia o chipirones, reservando la tinta. Trocearlos.

Pelar y picar el tomate y los ajos.

Calentar el caldo de pescado.

Si se utiliza tinta en paquete, diluirla con un poco de caldo.

Calentar el aceite en una paella al fuego. Freír la sepia o chipirones (con precaución porque salta el aceite), luego los ajos y el tomate, después una cucharadita de pimentón y el arroz, dándole vueltas con rapidez.

Añadir enseguida el caldo caliente, repartir el arroz por igual.

Probar el punto de sal y rectificar si es necesario.

Cocer a fuego vivo los 10 primeros minutos. Añadir la tinta desleída con un poco de caldo.

Continuar cociendo 8 o 10 minutos más, a fuego gradualmente rebajado.

Probar unos granos de arroz para verificar el punto de cocción.

Retirar del fuego, dcjar reposar 5 minutos y servir.

ARROZ CON RAPE (EN PAELLA)

INGREDIENTES:

PARA 4 PERSONAS

- 1 RAPE DE 1 KILO
- 1 CEBOLLA
- 6 TOMATES (600 GRAMOS), 1 PARA EL CALDO, 4 PARA ASAR Y 1 PARA EL ARROZ
- 6 DIENTES DE AJO (2 PARA LOS TOMATES, 2 PARA EL ARROZ Y 2 PARA EL RAPE)
- 400 GRAMOS DE ARROZ DE GRANO MEDIO
- 3 DECILITROS DE ACEITE (3 TACITAS: 1 PARA EL CALDO, 1 PARA EL ARROZ Y 1 PARA EL RAPE)
- 8 RAMITAS DE PEREJIL (4 PARA LOS TOMATES Y 4 PARA EL RAPE)
- PIMENTÓN, SAL
- 1 LIMÓN
- 1 HOJA DE LAUREL
- 1 RAMITA DE TOMILLO
- 4 TALLOS DE PEREJIL
- 1 HOJA VERDE DE PUERRO
- 2 CUCHARADAS SOPERAS DE PAN RALLADO
- HARINA PARA REBOZAR
- 2 CUCHARADAS SOPERAS DE ACEITE DE OLIVA
- 2 LITROS DE AGUA
- 1 PAELLA DE 40 CENTÍMETROS DE DIÁMETRO

Lavar el pescado. Preparar el rape quitándole cabeza, espina y piel. Ponerle sal y pasar la cabeza por harina.

Cortar la carne del rape en filetes finos, rociarlos con zumo de limón y un poco de sal. Reservarlos.

Pelar y trocear la cebolla.

Lavar y trocear un tomate.

Preparación del caldo

Calentar 1 decilitro de aceite en una cazuela al fuego y freír la cabeza del rape. En ese aceite freír la cebolla; cuando está dorada, freír el tomate troceado y luego media cucharadita de pimentón.

Verter sobre todo esto 2 litros de agua, añadir la espina y piel del rape y un ramito hecho con la hoja de laurel, tallos de perejil y hoja del puerro.

Poner un poco de sal y cocer 30 minutos.

Pasar el caldo por un colador fino.

Preparación de los tomates

Pelar y trocear finamente 2 dientes de ajo y 4 ramitas de perejil.

Encender el horno a temperatura media.

Lavar 4 tomates, secarlos y partirlos por la mitad. Ponerlos en una bandeja de horno con la parte cortada hacia arriba. Espolvorearlos con sal, ponerles por encima los ajos y perejil troceados y un poco de pan rallado.

Meterlos en el horno, a temperatura media, durante 30 minutos.

Sacarlos y reservarlos al calor.

Preparación del arroz

Pelar y picar 1 tomate y 2 dientes de ajo.

Calentar 1 decilitro de aceite en una paella al fuego, freír los ajos y el tomate.

Añadir una cucharadita de pimentón, luego el arroz, remover con rapidez e incorporar $1^1/_4$ litros escasos del caldo de rape caliente.

Probar el punto de sal y rectificar si es necesario.

Igualar el arroz.

Cocer a fuego vivo los 10 primeros minutos y a fuego gradualmente rebajado los 8 o 10 restantes.

Mientras se cuece el arroz, calentar un decilitro de aceite en una sartén al fuego, pasar por harina los filetes de rape, freírlos, sacarlos y colocarlos en una fuente.

Picar en el mortero 2 dientes de ajo y 4 ramitas de perejil, añadir poco a poco 2 cucharadas soperas de aceite y poner un poco de este majado sobre cada loncha de rape.

Probar unos granos de arroz para verificar el punto de cocción.

Retirarlo del fuego, dejar reposar 5 minutos.

Servir el arroz y acompañarlo con los filetes de rape y los tomates asados al horno.

ARROZ CON SARDINAS Y PIMIENTOS (EN CAZUELA)

INGREDIENTES:

PARA 4 PERSONAS

1	KILO DE SARDINAS FRESCAS
300	GRAMOS DE PIMIENTOS VERDES
400	GRAMOS DE TOMATES
6	DIENTES DE AJO
400	GRAMOS DE ARROZ DE GRANO MEDIO
4	RAMITAS DE PEREJIL
2	DECILITROS DE ACEITE DE OLIVA (2 TACITAS)
	AZAFRÁN, SAL, PIMENTÓN
1 1/2	LITROS DE AGUA

Limpiar las sardinas, vaciarlas y quitarles cabezas y espinas. Lavarlas, quitándoles las escamas.

Lavar y trocear los pimientos.

Pelar los ajos y dejarlos enteros.

Pelar y picar el tomate.

Picar en el mortero 4 dientes de ajo y 4 ramitas de perejil.

Calentar el aceite en una cazuela amplia al fuego.

Freír 2 dientes de ajo enteros y sacarlos.

En ese aceite freír las sardinas, sacarlas y reservarlas.

Luego freír los pimientos a fuego lento y después el tomate, por último una cucharadita de pimentón.

Añadir el agua, un poco de sal, una pizca de azafrán y los ajos y el perejil picados en el mortero.

Probar el punto de sal y rectificar si es necesario.

Cuando empiece a cocer, echar el arroz, remover, poner las sardinas por encima y cocer destapado a fuego medio 10 minutos y 10 minutos más a fuego muy lento.

Probar unos granos para verificar el punto de cocción.

Retirar del fuego, dejar en reposo 5 minutos antes de servir.

ARROZ CON SEPIA Y COLIFLOR (CALDOSO)

INGREDIENTES:

PARA 4 PERSONAS

250	GRAMOS DE SEPIA (JIBIA)
250	GRAMOS DE RAMITOS DE COLIFLOR
100	GRAMOS DE CEBOLLA
100	GRAMOS DE TOMATE
2	DIENTES DE AJO
200	GRAMOS DE ARROZ DE GRANO MEDIO
1/2	DECILITRO DE ACEITE DE OLIVA (1/2 TACITA)
	AZAFRÁN, SAL, PIMENTÓN
1	PIZCA DE CANELA MOLIDA
1 1/4	LITROS DE AGUA

Limpiar y trocear la sepia.

Lavar los ramitos de coliflor y escurrirlos.

Pelar y picar los ajos y el tomate.

Rallar la cebolla, o picarla finamente.

Calentar el aceite en una cazuela al fuego, freír la sepia, luego los ajos y la cebolla. Cuando ya esté empezando a dorarse añadir el tomate y después media cucharadita de pimentón y el agua.

Añadir una pizca de azafrán y un poco de sal.

Cocer tapado 20 minutos a fuego lento.

Poner entonces la coliflor. Probar el punto de sal y rectificar si es necesario.

Debe de quedar 1 litro de caldo después de la cocción.

Cuando rompa a hervir nuevamente, echar el arroz y cocer destapado a fuego medio, de 16 a 18 minutos.

Probar unos granos de arroz para verificar el punto de cocción.

Espolvorear con una pizca de canela molida.

Retirar del fuego y servir de inmediato, dejándolo reposar un poco en los platos.

ARROZ CON «TONYINA», GUISANTES Y ALCACHOFAS (EN CAZUELA)

INGREDIENTES:

PARA 4 PERSONAS

250	GRAMOS DE «TONYINA (ATÚN EN SALMUERA)
250	GRAMOS DE GUISANTES FRESCOS
4	ALCACHOFAS MEDIANAS FRESCAS
4	DIENTES DE AJO
100	GRAMOS DE TOMATE
1	ÑORA (PIMIENTO SECO)
400	GRAMOS DE ARROZ DE GRANO MEDIO
1	DECILITRO DE ACEITE DE OLIVA (1 TACITA)
	AZAFRÁN, SAL, LIMÓN
	UNAS RAMITAS DE PEREJIL
$1^1/_4$	LITROS DE AGUA

Lavar, trocear a cuadritos y escurrir la «tonyina». Limpiar las alcachofas de hojas duras, cortar las puntas, partirlas en cuatro y ponerlas en agua con zumo de limón.

Desgranar los guisantes.

Pelar y picar los tomates y los ajos.

Poner el $1^1/_4$ litros de agua en una cazuela al fuego.

Calentar el aceite en una sartén, freír la ñora, sacarla y reservarla. En ese aceite, freír los ajos y el tomate, luego las alcachofas y verterlo sobre el agua caliente de la cazuela.

Picar la ñora en un mortero con unas ramitas de perejil y añadirlo también al agua.

Cuando rompa a hervir, incorporar los guisantes, una pizca de azafrán y un poco de sal (hay que tener en cuenta que la «tonyina» está en salmuera).

Cocer tapado a fuego medio 20 minutos.

Añadir la «tonyina» y seguir cociendo 10 minutos más.

Probar el punto de sal y rectificar si es necesario.

Echar el arroz, remover y cocer destapado a fuego medio de 18 a 20 minutos.

Probar unos granos de arroz para verificar el punto de cocción.

Retirar del fuego, dejar reposar 5 minutos y servir.

FIDEUÁ (FIDEOS CON CALDO DE PESCADO EN PAELLA)

INGREDIENTES:

PARA 4 PERSONAS

1	LITRO DE «FONDO» O CALDO BASE DE PESCADO SEGÚN LA RECETA DADA ANTERIORMENTE, AL QUE SE AÑADIRÁ DURANTE LA COCCIÓN UN TROCITO DE GUINDILLA Y 6 GRANOS DE PIMIENTA.
400	GRAMOS DE CIGALAS PEQUEÑAS Y GAMBAS
250	GRAMOS DE RAPE O MERO
100	GRAMOS DE SEPIA (JIBIA) O CALAMAR
100	GRAMOS DE TOMATE
2	DIENTES DE AJO
400	GRAMOS DE FIDEOS CORTOS Y GRUESOS
1	DECILITRO DE ACEITE DE OLIVA (1 TACITA)
	PIMENTÓN PICANTE, PEREJIL, LIMÓN
1	PAELLA DE 40 CENTÍMETROS DE DIÁMETRO

Lavar y escurrir las cigalas y gambas. Ponerles un poco de sal.

Trocear el rape o mero.

Limpiar y trocear la sepia o calamar.

Pelar y picar el tomate.

Picar en el mortero el perejil y los ajos añadiéndole el zumo de limón.

Calentar el aceite en una paella al fuego, freír las cigalas y las gambas, sacarlas y reservarlas.

Freír a continuación el rape o mero, luego la sepia o calamar (con precaución porque salta el aceite), después el tomate picado y, por último, una cucharadita de pimentón picante.

Añadir entonces el caldo de pescado, probar el punto de sal y rectificar si es necesario.

Cuando empiece a hervir, poner los fideos y repartirlos por igual, incorporar las cigalas y las gambas reservadas. Agregar el majado del mortero repartiéndolo por la superficie.

Cocer a fuego medio de 15 a 17 minutos.

Probar unos fideos para verificar el punto de cocción.

Retirar del fuego, dejar reposar cinco minutos y servir.

Arroces con bacalao

Arroces con bacalao

El bacalao que se utiliza para estos arroces es seco y, como no se pone en remojo, conviene elegirlo más bien grueso. De este modo su carne no estará tan salada.

Para asarlo a la llama, se pincha con una brocheta o un tenedor de mango largo y se le va dando vueltas sobre la llama del gas durante 5 minutos o se asa a la plancha, ventilando la cocina porque huele muy fuerte. Luego se enjuaga, se le quitan la piel y espinas y se desmiga o desmenuza.

Hay que tener cuidado con la sal en estos arroces, poniéndoles muy poca y probando siempre el punto, antes de añadir el arroz.

ARROZ CON BACALAO Y CEBOLLA (MELOSO)

INGREDIENTES:

PARA 4 PERSONAS

200	GRAMOS DE BACALAO
100	GRAMOS DE TOCINO ENTREVERADO
1	KILO DE CEBOLLAS
100	GRAMOS DE TOMATE
4	DIENTES DE AJO
400	GRAMOS DE ARROZ DE GRANO MEDIO
1/2	DECILITRO DE ACEITE DE OLIVA (1/2 TACITA)
	AZAFRÁN, SAL, PIMENTÓN
1 1/4	LITROS DE AGUA O CALDO (DE AVE, DE CARNE O DE COCIDO)
1	CAZUELA DE BARRO DE 35 CENTÍMETROS DE DIÁMETRO

Asar el bacalao, sin remojar, a la llama. Enjuagarlo, quitarle la piel y espinas y desmenuzarlo.

Pelar y cortar las cebollas en trozos muy pequeños.

Partir a cuadritos el tocino.

Pelar y picar los tomates y los ajos.

Calentar el aceite en una cazuela de barro al fuego.

Freír el tocino troceado, el bacalao desmenuzado y, a continuación, la cebolla.

Mantener a fuego medio, dando vueltas a menudo hasta que la cebolla empiece a dorarse.

Añadir y freír los ajos y el tomate. Luego media cucharadita de pimentón y el agua o caldo.

Poner una pizca de azafrán y un poquito de sal.

Cocer tapado 15 minutos.

Probar el punto de sal y rectificar si es necesario.

Echar el arroz, remover y cocer destapado, a fuego medio, de 18 a 20 minutos.

Probar unos granos de arroz para verificar el punto de cocción. Retirar del fuego, servir y dejar reposar un poco en los platos.

ARROZ CON BACALAO Y COLIFLOR (EN PAELLA)

INGREDIENTES:

PARA 4 PERSONAS

200	GRAMOS DE BACALAO
300	GRAMOS DE COLIFLOR EN RAMITOS
4	DIENTES DE AJO
100	GRAMOS DE TOMATE
400	GRAMOS DE ARROZ DE GRANO MEDIO
2	DECILITROS DE ACEITE DE OLIVA (2 TACITAS)
	AZAFRÁN, PIMENTÓN, SAL
1 1/2	LITROS DE AGUA
1	PAELLA DE 40 CENTÍMETROS DE DIÁMETRO

Asar el bacalao, sin remojar, a la llama. Enjuagarlo, quitarle piel y espinas y desmenuzarlo.

Pelar y picar los ajos y el tomate.

Enjuagar los ramitos de coliflor y escurrirlos.

Calentar el aceite en la paella al fuego, freír los ajos, luego los ramitos de coliflor y a continuación el bacalao.

Añadir media cucharadita de pimentón y enseguida el agua, una pizca de azafrán y un poco de sal.

Cocer a fuego lento 10 minutos. Pinchar un tallo de coliflor y comprobar si necesita más cocción. Probar el punto de sal y rectificar si es necesario.

Avivar el fuego, echar el arroz, repartirlo por igual y cocer los 10 primeros minutos a fuego vivo y los 8 o 10 restantes a fuego gradualmente rebajado.

Probar unos granos de arroz para verificar el punto de cocción.

Retirar del fuego, dejar reposar 5 minutos y servir.

ARROZ CON BACALAO Y ESPINACAS (CALDOSO)

INGREDIENTES:

PARA 4 PERSONAS

150	GRAMOS DE BACALAO
500	GRAMOS DE ESPINACAS
6	AJOS TIERNOS (AJETES)
100	GRAMOS DE TOMATE
200	GRAMOS DE ARROZ DE GRANO MEDIO
1	DECILITRO DE ACEITE DE OLIVA
	AZAFRÁN, SAL, PIMENTÓN
1	LITRO DE AGUA

Asar el bacalao, sin remojar, a la llama. Enjuagarlo, quitarle las espinas y la piel y desmenuzarlo.

Limpiar, enjuagar, trocear y escurrir las espinacas.

Pelar y cortar los ajos tiernos. Pelar y picar el tomate.

Calentar el aceite en una cazuela al fuego. Freír los ajos, luego las espinacas y después el tomate.

Cuando se haya evaporado el agua de las espinacas, añadir media cucharadita de pimentón, enseguida el agua, una pizca de azafrán y un poquito de sal.

Cocer tapado 10 minutos.

Probar el punto de sal y rectificar si es necesario.

Echar el arroz, remover y cocer destapado, a fuego medio, de 16 a 18 minutos.

Probar unos granos de arroz para verificar el punto de cocción.

Retirar del fuego, servir y dejar reposar un poco en los platos.

ARROZ AL HORNO CON BACALAO Y GARBANZOS

INGREDIENTES:

PARA 4 PERSONAS

150	GRAMOS DE BACALAO
125	GRAMOS DE GARBANZOS (PESADOS SIN REMOJAR)
100	GRAMOS DE TOMATE
4	DIENTES DE AJO
400	GRAMOS DE ARROZ DE GRANO MEDIO
1	DECILITRO DE ACEITE DE OLIVA (1 TACITA)
	AZAFRÁN, SAL, PIMENTÓN
1 1/2	LITROS DE AGUA
1	CAZUELA PLANA DE BARRO DE 35 CENTÍMETROS DE DIÁMETRO

Poner en remojo los garbanzos la víspera.

Al día siguiente cocerlos con el agua, un poco de sal y una pizca de azafrán.

Colar el caldo y reservar los garbanzos cocidos.

Mantener el caldo caliente.

Asar el bacalao, sin remojar, a la llama. Enjuagarlo, quitarle la piel y espinas y desmenuzarlo.

Pelar y picar los tomates y los ajos.

Encender el horno a 200 °C (muy caliente).

Calentar el aceite en una sartén al fuego. Dorar los ajos, añadir el bacalao, darle vueltas. Incorporar el tomate, freírlo y pasar todo esto a una cazuela plana de barro.

Ponerla al fuego, y cuando esté de nuevo caliente, echar una cucharadita de pimentón, el arroz y enseguida los garbanzos reservados y 3/4 de litro de caldo, muy caliente, repartiéndolo todo por igual.

Cuando rompa a hervir, se prueba el punto de sal y se rectifica si es necesario.

Se mete a horno muy caliente de 15 a 18 minutos.

Probar unos granos de arroz para verificar el punto de cocción.

Cuando esté, sacar la cazuela y servir de inmediato, porque el calor del barro sigue cociendo el arroz y puede «pasarse» abriéndose entonces los granos.

ARROZ CON BACALAO, GUISANTES Y ALCACHOFAS (EN PAELLA)

INGREDIENTES:

PARA 4 PERSONAS

150	GRAMOS DE BACALAO
500	GRAMOS DE GUISANTES FRESCOS
500	GRAMOS DE ALCACHOFAS FRESCAS
100	GRAMOS DE TOMATE
4	DIENTES DE AJO
400	GRAMOS DE ARROZ DE GRANO MEDIO
1	DECILITRO DE ACEITE DE OLIVA (1 TACITA)
	AZAFRÁN, SAL, PIMENTÓN
1 1/2	LITROS DE AGUA APROXIMADAMENTE
1	PAELLA DE 40 CENTÍMETROS DE DIÁMETRO

Asar el bacalao, sin remojar, a la llama. Enjuagarlo, quitarle piel y espinas y desmenuzarlo.

Desgranar los guisantes. Quitar las hojas duras de las alcachofas, cortar las puntas, partirlas en cuatro y ponerlas en agua con zumo de limón.

Pelar y picar los tomates y los ajos.

Calentar el aceite en una paella al fuego. Freír los ajos, luego el bacalao y después el tomate.

Añadir media cucharadita de pimentón e inmediatamente el agua.

Cuando empiece a hervir, incorporar las alcachofas y los guisantes, añadir una pizca de azafrán y un poquito de sal y cocer 20 minutos a fuego medio.

Al cabo de este tiempo probar el punto de sal y rectificar si es necesario.

Aumentar la intensidad del fuego, echar el arroz, repartir por igual y mantener a fuego vivo los 10 primeros minutos y luego gradualmente rebajado otros 8 o 10 minutos más.

Probar unos granos de arroz para verificar el punto de cocción.

Retirar del fuego y dejar reposar 5 minutos.

ARROZ CON BACALAO Y HABAS (EN PAELLA)

INGREDIENTES:

PARA 4 PERSONAS

200	GRAMOS DE BACALAO
1	KILO DE HABAS TIERNAS
100	GRAMOS DE TOMATE
4	DIENTES DE AJO
400	GRAMOS DE ARROZ DE GRANO MEDIO
1	DECILITRO DE ACEITE DE OLIVA (UNA TACITA)
	AZAFRÁN, SAL, PIMENTÓN
$1^1/_4$	LITROS DE AGUA
1	PAELLA DE 40 CENTÍMETROS DE DIÁMETRO

Desgranar las habas.

Asar el bacalao, sin remojar, a la llama. Enjuagarlo, quitarle piel y espinas y desmenuzarlo.

Pelar y picar el tomate y los ajos.

Calentar el aceite en una paella al fuego. Freír las habas dándoles vueltas durante 5 minutos.

Añadir el bacalao, freír removiendo 5 minutos más.

Freír luego los ajos y el tomate, después media cucharadita de pimentón y enseguida poner el agua, una pizca de azafrán y un poquito de sal.

Cuando hierva 5 minutos probar el punto de sal y rectificar si es necesario.

Echar el arroz, repartirlo por igual y cocer a fuego vivo los 10 primeros minutos y los 8 o 10 restantes a fuego gradualmente rebajado.

Probar unos granos para verificar el punto de cocción.

Retirar del fuego, dejar reposar 5 minutos y servir.

ARROZ CON BACALAO Y PATATAS (EN CAZUELA)

INGREDIENTES:

PARA 4 PERSONAS

- 200 GRAMOS DE BACALAO
- 500 GRAMOS DE PATATAS
- 100 GRAMOS DE TOMATE
- 4 DIENTES DE AJO
- 200 GRAMOS DE ARROZ DE GRANO MEDIO
- 1 DECILITRO DE ACEITE DE OLIVA (UNA TACITA)
- AZAFRÁN, SAL, PIMENTÓN
- 4 RAMITAS DE PEREJIL
- 1 LITRO DE AGUA

Asar el bacalao, sin remojar, a la llama. Enjuagarlo, quitarle piel y espinas y desmenuzarlo.

Pelar las patatas, enjuagarlas y partirlas en trozos pequeños.

Picar o trocear muy bien el perejil.

Calentar el aceite en una cazuela al fuego. Freír las patatas. Cuando estén doradas, freír los ajos y el tomate.

Poner luego el bacalao, añadir media cucharadita de pimentón y, después, el arroz dándole unas vueltas con rapidez y finalmente el agua caliente.

Poner una pizca de azafrán y un poquito de sal.

Cuando rompa a hervir, probar el punto de sal y rectificar si es necesario.

Cocer destapado de 16 a 18 minutos, espolvoreándolo hacia el final de la cocción con el perejil picado.

Probar unos granos de arroz para verificar el punto de cocción.

Retirar del fuego, dejar reposar unos minutos y servir.

ARROZ CON BACALAO Y PATATAS, AL HORNO

INGREDIENTES:

PARA 4 PERSONAS

200	GRAMOS DE BACALAO
2	PATATAS MEDIANAS
2	TOMATES MEDIANOS MADUROS
1	CABEZA DE AJOS
400	GRAMOS DE ARROZ DE GRANO MEDIO
1	DECILITRO DE ACEITE DE OLIVA (UNA TACITA)
	AZAFRÁN, SAL, PIMENTÓN
3/4	LITRO DE AGUA
1	CAZUELA PLANA DE BARRO DE 35 CENTÍMETROS DE DIÁMETRO

Asar el bacalao, sin remojar, a la llama. Enjuagarlo, quitarle la piel y espinas y desmenuzarlo.

Pelar las patatas y cortarlas en rodajas de 1 centímetro de gruesas.

Lavar los tomates. Partir uno por la mitad y pelar y picar el otro.

Lavar y secar la cabeza de ajos. Dejarla entera sin pelar.

Encender el horno a 200 °C (muy caliente).

En una sartén calentar el aceite al luego. Freír las patatas y sacarlas cuando estén doradas.

Freír a continuación la cabeza de ajos entera y luego el tomate partido por la mitad. Sacarlos y reservarlos.

Pasar este aceite a una cazuela plana de barro, ponerla al fuego y, cuando esté caliente de nuevo, freír el bacalao, el tomate picado, media cucharadita de pimentón y el arroz.

Mezclar bien. Echar el agua caliente, una pizca de azafrán y un poquito de sal.

Incorporar las patatas, las dos mitades de tomate y la cabeza de ajos poniéndola en el centro.

Repartir el arroz por igual y cuando rompa a hervir, probar el punto de sal y rectificar si es necesario. Meter en el horno (fuerte) y cocer de 15 a 18 minutos.

Probar unos granos de arroz para verificar el punto de cocción. Cuando esté, sacar la cazuela y servir de inmediato, porque el calor del barro sigue cociendo el arroz y puede «pasarse» abriéndose entonces los granos.

ARROZ «EN CAPÊTES DE TORERO» (EN CAZUELA) (CON BACALAO Y PIMIENTOS)

INGREDIENTES:

PARA 4 PERSONAS

150	GRAMOS DE BACALAO
125	GRAMOS DE GARBANZOS (PESADOS SIN REMOJAR)
1	PIMIENTO ROJO GRANDE
1	TOMATE MEDIANO
1	CABEZA DE AJOS
400	GRAMOS DE ARROZ DE GRANO MEDIO
1	DECILITRO DE ACEITE DE OLIVA (1 TACITA)
	AZAFRÁN, SAL, PIMENTÓN
$1^1/_2$	LITROS DE AGUA

Poner en remojo los garbanzos con agua, la víspera.

Al día siguiente cocerlos en $1^1/_2$ litros de agua, añadiendo al final un poco de sal y una pizca de azafrán.

Colar el caldo y mantenerlo caliente. Reservar los garbanzos cocidos.

Asar el pimiento en el horno a temperatura media dándole vuelta cada 15 minutos. Tardará en estar asado entre 30 y 45 minutos.

Sacarlo, dejarlo entibiar y pelarlo, quitándole también las semillas.

Asar el bacalao, sin remojar, a la llama. Enjuagarlo, quitarle piel y espinas y desmenuzarlo.

Pelar y picar el tomate y los ajos.

Calentar el aceite en una cazuela de barro, al fuego. Freír los ajos y el tomate, añadir el bacalao y darle unas vueltas.

Poner media cucharadita de pimentón y enseguida el

arroz, remover y echar un litro de caldo y los garbanzos reservados. Repartir por igual el arroz.

Cuando rompa a hervir, probar el punto de sal y rectificar si es necesario.

Cocer destapado a fuego medio entre 17 y 20 minutos. Colocar el pimiento asado cortado en cuatro partes, como si fuesen capas de torero, hacia la mitad de la cocción.

Probar unos granos de arroz y verificar el punto de cocción.

Retirar del fuego y servir.

ARROZ CON BACALAO Y VERDURAS (EN PAELLA)

INGREDIENTES:

PARA 4 PERSONAS

150	GRAMOS DE BACALAO
100	GRAMOS DE PIMIENTO ROJO
125	GRAMOS DE JUDÍAS VERDES
2	ALCACHOFAS FRESCAS
100	GRAMOS DE GUISANTES (PESADOS SIN VAINA)
100	GRAMOS DE ESPINACAS FRESCAS.
250	GRAMOS DE «GARROFÓN» FRESCO (100 GRAMOS SI SE UTILIZA SECO)
100	GRAMOS DE TOMATE
50	GRAMOS DE CEBOLLA
2	DIENTES DE AJO
1	RAMITA DE ROMERO
400	GRAMOS DE ARROZ DE GRANO MEDIO
1 1/2	DECILITROS DE ACEITE (1 1/2 TACITAS)
	AZAFRÁN, SAL, PIMENTÓN
2 3/4	LITROS DE AGUA
1	PAELLA DE 45 CENTÍMETROS DE DIÁMETRO.

Si el garrofón es seco, se pone en remojo con agua la víspera y al día siguiente se cuece igual que las alubias. Reservar el agua de la cocción.

Asar el bacalao, sin remojar, a la llama. Enjuagarlo, quitarle piel y espinas y desmenuzarlo.

Limpiar las alcachofas, quitándoles las hojas duras y cortando las puntas. Ponerlas en agua con un poco de zumo de limón.

Despuntar las judías verdes y trocearlas.

Desgranar los guisantes y el «garrofón» (si es de grano tierno).

Limpiar, lavar y trocear las espinacas. Escurrirlas.

Pelar y picar el tomate, la cebolla y los ajos.

Trocear finas las alcachofas.

Lavar, partir y trocear el pimiento quitándole las semillas.

Calentar el aceite en una paella al fuego y rehogar por este orden: el pimiento, las judías verdes, espinacas y alcachofas

Cuando esta verdura esté rehogada, añadir la cebolla, luego el tomate y los ajos y por último el bacalao. Después una cucharadita de pimentón y el agua, utilizando la de cocer el «garrofón». En total $2^3/_4$ litros.

Cuando empiece a hervir, poner los guisantes y el «garrofón» (fresco o cocido) y un poco de sal.

Cocer durante 30 o 40 minutos. Probar el punto de sal y rectificar, si es necesario; añadir una pizca de azafrán.

Echar el arroz, repartirlo por igual.

Cocer a fuego vivo los 10 primeros minutos y a fuego gradualmente rebajado los 8 o 10 minutos restantes.

Probar unos granos de arroz para verificar el punto de cocción.

Retirar del fuego, dejar reposar 5 minutos y servir.

Arroces con verduras y legumbres

Arroces con verduras y legumbres

En los arroces con verduras y legumbres se puede aumentar un poco la cantidad de aceite, porque las verduras, al rehogarlas previamente, suelen absorberlo. Es conveniente pues, tener un poco de aceite en reserva, frito de antemano (con un diente de ajo, por ejemplo) y así poder añadir al rehogo si vemos que ha mermado mucho.

Hay que poner especial atención al punto de sal, que habrá de ser más bien alto, porque los sabores que aportan las verduras no suelen ser muy intensos.

A veces no se encuentran las mismas verduras en todas las regiones de España y, en ocasiones, resulta difícil sustituirlas, porque una receta concreta, pierde sabor, si no lleva sus auténticos ingredientes.

En el arroz con alubias y nabos, éstos conviene que sean de una variedad llamada «colinabo» («napicol» en valenciano) porque su carne es mucho más sabrosa que la del nabo blanco.

Esto mismo puede suceder también en la Paella Valenciana con el «garrofón» pero este producto puede adquirirse seco, como las alubias, y conservarlo todo el año. Por tanto, quizás puede conseguirse en un viaje a Valencia o por medio de amigos o familiares. Creo que vale la pena intentarlo...

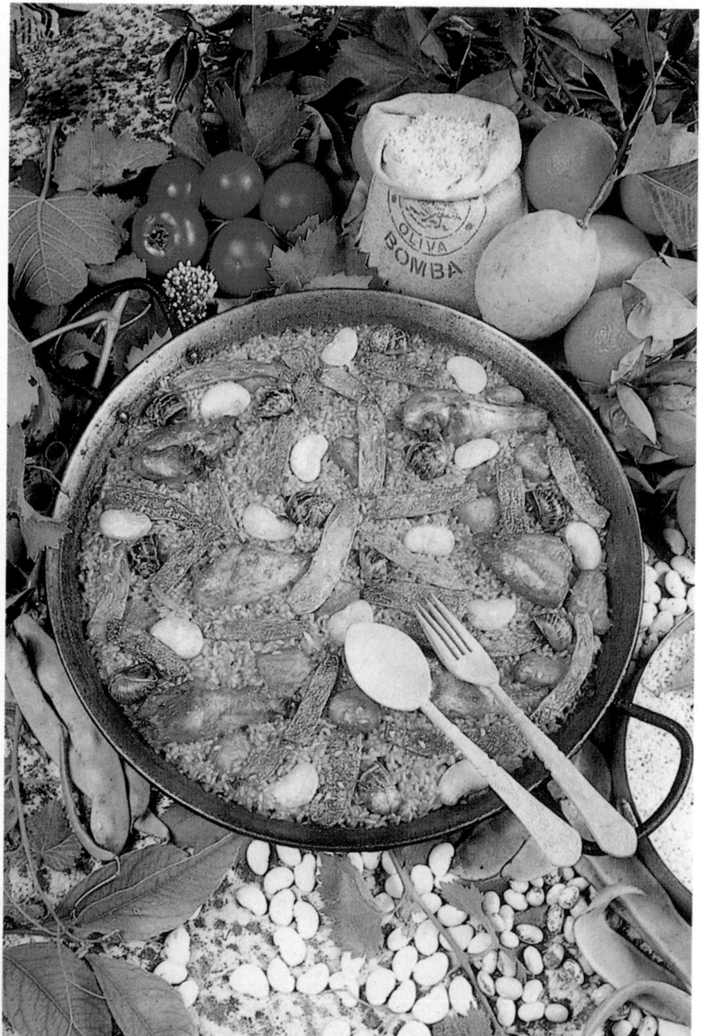

PAELLA VALENCIANA

Receta en página 53

PIMIENTOS RELLENOS DE ARROZ (al horno)

Receta en página 90

ARROZ A BANDA (en paella)

Receta en página 109

ARROZ A LA MARINERA (en paella)

Receta en página 126

FIDEUÁ

Receta en página 136

ARROZ CON BACALAO Y COLIFLOR

Receta en página 143

ARROZ CON BACALAO Y ESPINACAS
Receta en página 144

ARROZ «EN CAPÊTES DE TORERO» (en cazuela)

Receta en página 153

ARROZ CON ACELGAS (CALDOSO)

INGREDIENTES:

PARA 4 PERSONAS

250	GRAMOS DE ACELGAS MUY TIERNAS
100	GRAMOS DE ALUBIAS SECAS
1	PATATA MEDIANA (100 G)
2	DIENTES DE AJO
1	TOMATE PEQUEÑO (FACULTATIVO)
12	CARACOLES SERRANOS (FACULTATIVO)
200	GRAMOS DE ARROZ DE GRANO MEDIO
1	DECILITRO DE ACEITE DE OLIVA (1 TACITA)
	AZAFRÁN, SAL, PIMENTÓN
$1\,^{3}/_{4}$	LITROS DE AGUA

Poner en remojo con agua las alubias durante 24 horas.

Al día siguiente ponerlas a cocer, a fuego lento, en un puchero de barro con $1^{3}/_{4}$ litros de agua fría.

Lavar, trocear, enjuagar y escurrir las acelgas.

Pelar la patata y cortarla en trozos pequeños.

Pelar los ajos y dejarlos enteros.

Calentar el aceite en una sartén al fuego, dorar los ajos, echar sobre ellos con precaución las acelgas y rehogarlas durante unos minutos.

Añadir una cucharadita de pimentón y verter enseguida sobre el caldo donde están cociendo las alubias.

A los 30 minutos incorporar la patata troceada, una pizca de azafrán y la sal.

Continuar cociendo 20 minutos más.

Probar el punto de sal y rectificar si es necesario.

Añadir el arroz, remover y cocer destapado a fuego medio de 17 a 20 minutos.

Probar unos granos de arroz para verificar el punto de cocción.

Retirar del fuego y servir de inmediato.

ARROZ CON ALCACHOFAS, GUISANTES Y HABAS (CALDOSO)

INGREDIENTES:

PARA 4 PERSONAS

400	GRAMOS DE HABAS DESGRANADAS
250	GRAMOS DE GUISANTES DESGRANADOS
4	ALCACHOFAS FRESCAS
250	GRAMOS DE PATATAS
4	AJOS TIERNOS (AJETES)
100	GRAMOS DE TOMATE
200	GRAMOS DE ARROZ DE GRANO MEDIO
1	DECILITRO DE ACEITE DE OLIVA (1 TACITA)
	AZAFRÁN, SAL, PIMENTÓN
1	LIMÓN
1 $^{1}/_{4}$	LITROS DE AGUA

Desgranar las habas y los guisantes.

Limpiar de hojas duras las alcachofas, cortarles las puntas, partirlas en cuatro y ponerlas en agua con zumo de limón.

Pelar las patatas y cortarlas en trozos medianos.

Pelar y picar los ajos tiernos y el tomate.

Calentar el aceite en una cazuela al fuego, freír las habas, luego las patatas y después el tomate.

Añadir media cucharadita de pimentón y $1^{1}/_{4}$ litros de agua. Poner un poco de sal y una pizca de azafrán.

Cuando rompa a hervir, añadir los guisantes y las alcachofas. Cocer durante 20 minutos

Probar el punto de sal, rectificar si es necesario.

Echar el arroz, remover y cocer destapado, de 17 a 20 minutos.

Probar el arroz y verificar el punto de cocción.

Retirar del fuego, servir de inmediato y dejar reposar un momento en los platos.

ARROZ CON ALUBIAS Y NABOS «VIUDO» (MELOSO)

INGREDIENTES:

PARA 4 PERSONAS

200	GRAMOS DE ALUBIAS SECAS
400	GRAMOS DE NABOS (DE CARNE AMARILLA)
4	DIENTES DE AJO DE GRANO MEDIO
100	GRAMOS DE CEBOLLA
200	GRAMOS DE ARROZ
1	DECILITRO DE ACEITE DE OLIVA (1 TACITA)
	AZAFRÁN, PIMENTÓN, SAL
2	LITROS DE AGUA

Poner en remojo las alubias durante 24 horas.

Al día siguiente ponerlas a cocer, a fuego lento, en un puchero de barro, con dos litros de agua fría.

Pelar los nabos y trocearlos (trozos medianos).

Pelar los ajos.

Pelar y rallar la cebolla.

Calentar el aceite en una sartén al fuego, dorar los ajos enteros, luego la cebolla y por último los nabos.

Añadir media cucharadita de pimentón y verter enseguida sobre el caldo donde están cociendo las alubias.

Hacia el final de la cocción ponerle un poco de sal y una pizca de azafrán. Debe quedar 1 litro de caldo.

Probar el punto de sal, rectificar si es necesario.

Añadir el arroz, remover y cocer destapado, a fuego medio, de 17 a 20 minutos.

Probar unos granos de arroz para verificar el punto de cocción.

Retirar del fuego y servir de inmediato, dejándolo reposar un poco en los platos.

ARROZ CON ALUBIAS Y PIMIENTOS (EN CAZUELA)

INGREDIENTES:

PARA 4 PERSONAS

150	GRAMOS DE ALUBIAS SECAS
1	PIMIENTO ROJO
1	CABEZA DE AJOS
400	GRAMOS DE ARROZ DE GRANO MEDIO
1	DECILITRO DE ACEITE DE OLIVA (1 TACITA)
	AZAFRÁN, SAL, PIMENTÓN
$1^1/_2$	LITROS DE AGUA

Poner las alubias, en remojo con agua, la víspera.

Ponerlas a cocer en una cazuela con $1^1/_2$ litros de agua fría, a fuego lento.

Lavar y trocear el pimiento.

Lavar y secar la cabeza de ajos sin pelarla.

Calentar el aceite en una sartén al fuego, freír el pimiento, sacarlo y reservarlo.

Freír a continuación la cabeza de ajos entera.

Añadir, media cucharadita de pimentón. Verter esto sobre las alubias que están cociendo, y una pizca de azafrán y sal.

Cuando las alubias estén casi cocidas, sacar la cabeza de ajos.

Probar el punto de sal, rectificar si es necesario.

Echar el arroz, poner el pimiento frito reservado, remover y cocer destapado a fuego medio entre 18 y 20 minutos.

Probar unos granos de arroz para verificar el punto de cocción.

Retirar del fuego, dejar reposar 5 minutos y servir.

ARROZ CON ALUBIAS PINTAS Y ESPINACAS (CALDOSO)

INGREDIENTES:

PARA 4 PERSONAS

100	GRAMOS DE ALUBIAS PINTAS
1/2	KILO DE ESPINACAS
100	GRAMOS DE TOMATE
3	DIENTES DE AJO
200	GRAMOS DE ARROZ DE GRANO MEDIO
1	DECILITRO DE ACEITE DE OLIVA (1 TACITA)
	AZAFRÁN, SAL, PIMENTÓN
1 3/4	LITROS DE AGUA

Poner en remojo las alubias con agua desde la víspera. Cuando vayan a cocer, ponerlas con el litro y tres cuartos de agua fría, a fuego lento en cazuela o puchero (mejor si es de barro).

Limpiar, lavar, trocear y escurrir las espinacas.

Pelar los ajos.

Pelar y picar el tomate.

Calentar el aceite en una sartén, freír los ajos enteros, a continuación las espinacas y luego el tomate picado.

Añadir media cucharadita de pimentón y verter sobre el caldo donde están cociendo las alubias a fuego lento.

Hacia el final de la cocción, poner un poco de sal y una pizca de azafrán.

Probar el punto de sal y rectificar si es necesario.

Echar el arroz, remover y cocer destapado a fuego medio de 18 a 20 minutos.

Probar unos granos para verificar el punto de cocción.

Retirar del fuego, servir y dejar reposar un poco en los platos.

ARROZ CON CASTAÑAS, PASAS Y PIÑONES (EN CAZUELA)

INGREDIENTES:

PARA 4 PERSONAS

150	GRAMOS DE CASTAÑAS SECAS
50	GRAMOS DE PASAS DE CORINTO
30	GRAMOS DE PIÑONES
250	GRAMOS DE COSTILLAS DE CERDO
400	GRAMOS DE ARROZ DE GRANO MEDIO
1	CEBOLLA PEQUEÑA
200	GRAMOS DE TOMATES
2	DIENTES DE AJO
100	GRAMOS DE MANTECA DE CERDO
	AZAFRÁN, SAL, PIMENTÓN
$1^1/_4$	LITROS DE AGUA

Poner en remojo las pasas en agua tibia durante 1 hora. Poner en remojo las castañas secas sin piel durante 12 horas.

Cocerlas en $1^1/_4$ litros de agua con un poco de sal durante 30 minutos hasta que estén tiernas. Reservar el agua de la cocción.

Trocear las costillas de cerdo.

Picar la cebolla. Pelar y picar los tomates. Escurrir las pasas.

Poner la manteca de cerdo en una cazuela al fuego, cuando esté caliente, dorar las costillas de cerdo, luego la cebolla, después las pasas y por último los tomates.

Añadir una cucharadita de pimentón, enseguida el arroz, revolviendo con rapidez, y 1 litro de agua donde han cocido las castañas.

Picar en el mortero los dos dientes de ajo y los piñones, añadir un vasito del agua donde han cocido las castañas y verter esto sobre el arroz.

Probar el punto de sal, rectificar si es necesario. Poner una pizca de azafrán.

Cocer a fuego medio 10 minutos, añadir las castañas cocidas y seguir cociendo entre 8 y 10 minutos más.

Probar unos granos de arroz para verificar el punto de cocción.

Retirar del fuego, dejar reposar cinco minutos y servir.

ARROZ «EMPEDRADO» (EN CAZUELA)

INGREDIENTES:

PARA 4 PERSONAS

150	GRAMOS DE ALUBIAS SECAS
1	CABEZA DE AJOS
100	GRAMOS DE TOMATE
2	DIENTES DE AJO (PARA EL SOFRITO)
400	GRAMOS DE ARROZ DE GRANO MEDIO
1/2	DECILITRO DE ACEITE DE OLIVA (1/2 TACITA)
	AZAFRÁN, SAL, PIMENTÓN
$1^1/_2$	LITROS DE AGUA

Poner en remojo las alubias con agua fría la víspera.

Cocerlas con $1^1/_2$ litros de agua fría y una cabeza de ajos entera, añadiéndoles hacia el final de la cocción un poco de sal y una pizca de azafrán.

Pelar y picar los 2 dientes de ajo y el tomate.

Calentar el aceite en una cazuela de barro al fuego, freír los ajos y luego el tomate, añadir una cucharadita de pimentón.

Agregar 1 litro de caldo de cocer las alubias.

Probar el punto de sal, rectificar si es necesario.

Cuando empieza a hervir, echar el arroz, remover y cocer destapado a fuego medio 10 minutos.

Añadir entonces las alubias cocidas, continuar cociendo 8 o 10 minutos más.

Probar unos granos de arroz para verificar el punto de cocción.

Retirar del fuego, servir y dejar reposar un momento en los platos.

ARROZ HUERTANO DE VERDURAS (EN PAELLA)

INGREDIENTES:

PARA 4 PERSONAS

250	GRAMOS DE COLIFLOR
2	PIMIENTOS ROJOS
100	DE JUDÍAS VERDES
50	GRAMOS DE GUISANTES DESGRANADOS
100	GRAMOS DE HABAS TIERNAS DESGRANADAS
1	MANOJO DE AJOS TIERNOS (AJETES)
2	ALCACHOFAS NATURALES
1	BERENJENA
2	PATATAS MEDIANAS
2	TOMATES MADUROS
4	DIENTES DE AJO
400	GRAMOS DE ARROZ DE GRANO MEDIO
3	DECILITROS DE ACEITE DE OLIVA (3 TACITAS)
	AZAFRÁN, PIMENTÓN, SAL
1	PAELLA DE 45 CENTÍMETROS DE DIÁMETRO
3	LITROS DE AGUA

Cortar en ramitos la coliflor, lavarla y escurrirla.

Lavar los pimientos, trocearlos, quitarles semillas y tallo.

Despuntar las judías verdes, enjuagarlas y trocearlas.

Pelar y trocear los ajos tiernos.

Limpiar de hojas duras las alcachofas, cortar las puntas y trocearlas poniéndolas en agua con zumo de limón.

Pelar y trocear la berenjena y las patatas.

Pelar y picar los tomates y los ajos.

Calentar el aceite en una paella al fuego y freír por este orden:

La berenjena y los pimientos, sacar y reservar.

Luego las patatas, después la coliflor, las alcachofas, las

judías verdes, las habas, los guisantes, los ajos tiernos y por último los tomates y los ajos picados.

Añadir una cucharadita de pimentón y 3 litros de agua caliente.

Agregar un poco de sal y una pizca de azafrán.

Cocer a fuego medio 30 minutos. Añadir la berenjena y los pimientos reservados. Cocer 15 minutos más.

Probar el punto de sal, rectificar si es necesario.

Echar el arroz, repartirlo por igual.

Cocer a fuego vivo los 10 primeros minutos y a fuego gradualmente rebajado los 8 o 10 restantes.

Probar unos granos de arroz para verificar el punto de cocción.

Retirar del fuego, dejar reposar 5 minutos y servir.

ARROZ AL HORNO

INGREDIENTES:

PARA 4 PERSONAS

125	GRAMOS DE GARBANZOS SECOS
2	PATATAS MEDIANAS (200 G)
3	TOMATES (300 G)
1	CABEZA DE AJOS
400	GRAMOS DE ARROZ DE GRANO MEDIO
1	DECILITRO DE ACEITE DE OLIVA (1 TACITA)
	AZAFRÁN, PIMENTÓN, SAL
$1^1/_2$	LITROS DE AGUA
1	CAZUELA PLANA DE BARRO DE 30 CENTÍMETROS DE DIÁMETRO

Poner los garbanzos a remojo con agua durante 12 horas.

Al día siguiente, ponerlos a cocer en un recipiente al fuego con $1^1/_2$ litros de agua.

Hacia el final de la cocción añadir un poco de sal y una pizca de azafrán.

Pelar la patata y cortarla en lonchas de 1 centímetro de gruesas.

Pelar y picar un tomate.

Lavar los otros dos tomates, secarlos y partirlos por la mitad.

Limpiar, enjuagar y secar, sin pelar, la cabeza de ajos.

Cuando estén los garbanzos cocidos y los demás ingredientes preparados, encender el horno a 200 °C (muy caliente).

Calentar el aceite en una cazuela plana de barro al fuego, poniendo un difusor, si es necesario, para que el barro no se agriete.

Freír la cabeza de ajos entera, luego las lonchas de patata, después los dos tomates partidos por la mitad y por último el tomate picado.

Añadir media cucharadita de pimentón, enseguida el arroz, removerlo con rapidez e incorporar tres cuartos de litro del caldo donde han cocido los garbanzos. El caldo debe de estar muy caliente.

Poner los garbanzos, repartir por igual procurando que quede la cabeza de ajos en el centro y las lonchas de patata y medios tomates alrededor.

Probar el punto de sal, rectificar si es necesario.

Cuando empiece a cocer con fuerza, meter la cazuela en el horno caliente, teniéndolo así de 15 a 18 minutos.

Probar unos granos de arroz para verificar el punto de cocción.

Sacarlo del horno y llevarlo a la mesa en la misma cazuela sirviéndolo de inmediato.

ARROZ CON NÍSCALOS («ROVELLONS») (EN CAZUELA)

INGREDIENTES:

PARA 4 PERSONAS

250	GRAMOS DE MAGRO DE CERDO
500	GRAMOS DE NÍSCALOS
100	GRAMOS DE TOMATE
2	DIENTES DE AJO
400	GRAMOS DE ARROZ
1	DECILITRO DE ACEITE DE OLIVA (1 TACITA)
	AZAFRÁN, SAL, PIMENTÓN
1	LITRO DE AGUA

Trocear el magro.

Limpiar los níscalos, lavándolos varias veces, escurrirlos y trocearlos.

Pelar y picar el tomate y los ajos.

Calentar el aceite en una cazuela al fuego, freír el magro, luego los ajos y el tomate. Añadir media cucharadita de pimentón y después los níscalos; rehogar unos minutos.

Incorporar 1 litro de agua caliente, poner un poco de sal y una pizca de azafrán.

Cocer 20 minutos. Probar el punto de sal, rectificar si es necesario.

Agregar el arroz, repartirlo por igual y cocer destapado a fuego medio de 18 a 20 minutos.

Probar unos granos de arroz para verificar el punto de cocción.

Retirar del fuego, dejar reposar 5 minutos y servir.

ARROZ AL HORNO CON PASAS Y GARBANZOS

INGREDIENTES:

PARA 4 PERSONAS

150	GRAMOS DE PASAS DE CORINTO
200	GRAMOS DE GARBANZOS COCIDOS
1	CABEZA DE AJOS
100	GRAMOS DE TOMATE
400	GRAMOS DE ARROZ DE GRANO MEDIO
1	DECILITRO DE ACEITE DE OLIVA (1 TACITA)
3/4	LITRO DE CALDO DE COCIDO
	PIMENTÓN, SAL
1	CAZUELA PLANA DE BARRO DE 35 CENTÍMETROS DE DIÁMETRO.

Poner las pasas en remojo, con agua templada, durante 3 o 4 horas.

Pelar y picar el tomate.

Limpiar la cabeza de ajos, enjuagarla, secarla y dejarla entera.

Calentar el caldo de cocido.

Sacar las pasas del remojo y escurrirlas.

Encender el horno a 200 °C (muy caliente).

Poner el aceite en una cazuela plana de barro al fuego.

Cuando esté caliente, freír un poco la mitad de las pasas y la cabeza de ajos entera, luego el tomate picado y por último una cucharadita de pimentón.

Añadir los garbanzos y el caldo caliente.

Probar el punto de sal, rectificar si es necesario.

Cuando el caldo empiece a hervir, poner el arroz, repartirlo bien procurando que quede la cabeza de ajos en el centro. Poner las pasas que quedan por encima, y meter en el horno caliente durante 15 a 18 minutos.

Probar unos granos para verificar el punto de cocción.

Sacar y llevar a la mesa en la misma cazuela, sirviéndolo de inmediato.

ARROZ CON VERDURAS (EN PAELLA)

INGREDIENTES:

PARA 4 PERSONAS

1	BERENJENA MEDIANA
125	GRAMOS DE JUDÍAS VERDES
2	ALCACHOFAS MEDIANAS NATURALES
100	GRAMOS DE HABAS TIERNAS (PESADAS SIN VAINA)
125	GRAMOS DE ESPINACAS
100	GRAMOS DE GUISANTES (PESADOS SIN VAINA)
250	GRAMOS DE «GARROFÓN» FRESCO (PESADO CON VAINA, O 100 GRAMOS SI ES SECO)
100	GRAMOS DE TOMATE
3	DIENTES DE AJO
400	GRAMOS DE ARROZ DE GRANO MEDIO
3	DECILITROS DE ACEITE DE OLIVA (3 TACITAS)
	AZAFRÁN, PIMENTÓN, SAL
3	LITROS DE AGUA
1	PAELLA DE 45 CENTÍMETROS DE DIÁMETRO

Si el «garrofón» se utiliza seco, ponerlo en remojo con agua la víspera, y cocerlo al día siguiente con 1 litro de agua y un poco de sal.

Pelar y partir la berenjena a cuadritos pequeños.

Despuntar las judías verdes y trocearlas.

Limpiar las alcachofas de hojas duras, cortarles las puntas y partirlas en cuatro trozos, ponerlas en agua con zumo de limón.

Desgranar el «garrofón» si es fresco.

Desgranar las habas y los guisantes. Lavar, trocear, enjuagar y escurrir las espinacas.

Pelar y picar los tomates y los ajos.

Calentar el aceite en una paella al fuego y freír por este orden: la berenjena (sacarla y reservarla), las judías verdes, las espinacas y las alcachofas, y por último, el tomate y los ajos.

Cuando todo esto esté sofrito, añadir una cucharadita de pimentón y el agua (o en su caso el agua donde ha cocido el «garrofón»). En total de $2^1/_2$ a 3 litros de agua.

Al empezar a cocer, poner los guisantes y las habas, las alubias de «garrofón», la berenjena reservada, un poco de sal y una pizca de azafrán.

Cocer durante 35 a 40 minutos. Depende del «garrofón» y las habas.

Probar el punto de sal, rectificar si es necesario.

Añadir el arroz, repartirlo por igual.

Cocer a fuego vivo los 10 primeros minutos y a fuego gradualmente rebajado los 8 a 10 minutos restantes.

Probar unos granos de arroz para verificar el punto de cocción.

Retirar del fuego, dejar reposar 5 minutos y servir.

Nota: Este arroz adquiere más color y sabor si se prepara en la clásica paella de hierro.

Arroces blancos con carnes, pescados, jamón y queso

Arroces blancos con carnes, pescados, jamón y queso

Las formas de cocinar el arroz blanco son tan numerosas, que pueden solucionar en poco tiempo una comida improvisada o realzarnos un plato sirviéndolo como guarnición.

Conviene utilizar arroz de grano largo y cuidar el punto de cocción, para que quede suelto y entero. Por lo demás, los ingredientes de los que dispongamos y nuestra imaginación harán el resto...

RECETA BASICA DEL ARROZ BLANCO

INGREDIENTES:

PARA 4 PERSONAS

400	GRAMOS DE ARROZ DE GRANO LARGO
2	LITROS DE AGUA
1	CUCHARADA DE SAL

Poner el agua con la sal, en una cazuela amplia, al fuego.

Cuando esté hirviendo, echar el arroz, remover y cocer a fuego medio de 12 a 15 minutos.

Pasar a un colador, poner bajo el grifo de agua fría, enjuagar rápidamente y escurrir.

Pasarlo a una fuente amplia y removerlo con un tenedor durante 2 o 3 minutos para que no se apelmace.

ARROZ BLANCO EN LA OLLA-EXPRÉS

INGREDIENTES:

PARA 4 PERSONAS

400	GRAMOS DE ARROZ DE GRANO LARGO
900	MILILITROS DE AGUA (1 LITRO ESCASO)
1/2	DECILITRO DE ACEITE DE OLIVA (1/2 TACITA)
2	DIENTES DE AJO
1	HOJA DE LAUREL
	UN POCO DE SAL

Pelar los ajos y dejarlos enteros. Calentar el agua.

Calentar el aceite en la olla-exprés, freír los ajos, echar el arroz, darle unas vueltas con rapidez y verter el agua hirviendo.

Remover, añadir el laurel y la sal.

Tapar la olla y contar entre 8 o 10 minutos desde que la válvula indique que ha empezado a cocer.

Pasado este tiempo, retirar del fuego, enfriar con precaución la olla, destapar y dejar reposar 3 minutos.

Retirar los ajos y el laurel y servir.

ARROZ BLANCO COMPLETO

INGREDIENTES:

PARA 4 PERSONAS

300	GRAMOS DE ARROZ DE GRANO LARGO
	AGUA, SAL
250	GRAMOS DE MAGRO DE CERDO EN FILETES
250	GRAMOS DE HÍGADO DE CERDO EN FILETES
1	KG DE TOMATES
4	HUEVOS
	SAL
	UNA CUCHARADITA DE AZÚCAR
1	DECILITRO DE ACEITE DE OLIVA (1 TACITA)
	ACEITE PARA FREÍR LOS HUEVOS

Pelar y triturar los tomates.

Preparar el arroz según la RECETA BÁSICA DEL ARROZ BLANCO.

Calentar en una sartén el decilitro de aceite y freír primero los filetes de cerdo, sacarlos y reservarlos y a continuación, freír los filetes de hígado. Sacarlos y reservarlos.

Cuando estén tibios, trocearlos a cuadritos.

En ese aceite, freír los tomates pelados y triturados poniéndoles un poco de sal. Mantenerlos a fuego medio entre 30 y 45 minutos aproximadamente, añadiéndoles al final una cucharadita de azúcar. Incorporar entonces los trocitos de carne y de hígado teniéndolos a fuego lento 5 minutos más.

Freír los huevos en aceite abundante y caliente. Reservarlos. Saltear el arroz cocido con un poco de aceite, pasarlo a una fuente, colocar los huevos fritos alrededor y servir en salsera aparte la salsa del tomate con la carne.

ARROZ BLANCO CON PICADILLO

INGREDIENTES:

PARA 4 PERSONAS

300	GRAMOS DE ARROZ DE GRANO LARGO
	AGUA, SAL
100	GRAMOS DE CARNE PICADA
1	HUEVO
1	VASITO DE VINO BLANCO
1	CUCHARADITA DE ORÉGANO
8	CUCHARADAS SOPERAS DE TOMATE FRITO
4	CUCHARADAS SOPERAS DE ACEITE DE OLIVA
	SAL

Preparar el arroz según la RECETA BÁSICA DEL ARROZ BLANCO.

Mezclar la carne picada con el huevo batido, el vino blanco y el orégano. Añadir un poco de sal.

Calentar el aceite en una sartén, echar la mezcla de la carne y rehogar, a fuego lento, 10 minutos.

Añadir el tomate frito y mantener, a fuego lento, 5 minutos más.

Saltear el arroz cocido, en una sartén con un poco de aceite. Pasarlo a una fuente.

Servir aparte la salsa de picadillo.

ARROZ BLANCO CON QUESO

INGREDIENTES:

PARA 4 PERSONAS

400	GRAMOS DE ARROZ DE GRANO LARGO
	AGUA, SAL
50	GRAMOS DE QUESO FRESCO
50	GRAMOS DE QUESO CREMOSO
25	GRAMOS DE QUESO PARMESANO RALLADO
2	HUEVOS
2	HIGADILLOS DE POLLO
100	GRAMOS DE GUISANTES COCIDOS
1/2	DECILITRO DE ACEITE DE OLIVA
1	TAZÓN DE SALSA DE TOMATE

Preparar el arroz según la RECETA BÁSICA DEL ARROZ BLANCO.

Cocer los higadillos de pollo con un poco de agua y sal, durante 15 minutos. Escurrirlos y picarlos.

Trocear finamente el queso fresco y el cremoso y unirlo a los higadillos picados, agregar los guisantes cocidos.

Probar el punto de sal y rectificar si es necesario.

Rehogar el arroz cocido, en una sartén con el aceite.

Añadir el queso parmesano y los huevos batidos.

Revolver un poco y retirar del fuego.

Untar un molde de horno con aceite y poner una capa de arroz, una mezcla de quesos, higadillos y guisantes y otra de arroz.

Apretar ligeramente y meter en el horno caliente, durante 10 minutos.

Sacarlo, dejarlo entibiar, desmoldarlo y cubrir con la salsa de tomate caliente.

ARROZ BLANCO CON QUESO Y JAMÓN

INGREDIENTES:

PARA 4 PERSONAS

250	GRAMOS DE ARROZ DE GRANO LARGO
	AGUA, SAL
50	GRAMOS DE QUESO GRUYERE
50	GRAMOS DE QUESO DE BOLA
50	GRAMOS DE QUESO PARMESANO RALLADO
50	GRAMOS DE JAMÓN SERRANO
1/2	DECILITRO DE ACEITE DE OLIVA

Preparar el arroz según la RECETA BÁSICA DEL ARROZ BLANCO.

Cortar a cuadritos el jamón y los quesos de bola y gruyere. Encender el horno a temperatura media.

Untar con aceite una fuente de horno, poner una capa de arroz cocido, otra de jamón y quesos, y un poco de queso rallado espolvoreado.

Otra capa de arroz cocido, una de jamón y quesos y un poco de queso rallado espolvoreado.

Acabar con una capa de arroz cocido, queso rallado espolvoreado y un chorrito de aceite de oliva.

Meter a horno medio y al baño María hasta que se dore por arriba.

Sacarlo del horno y desmoldarlo cuando esté tibio.

ARROZ BLANCO CON RAPE Y GAMBAS

INGREDIENTES:

PARA 4 PERSONAS

400	GRAMOS DE ARROZ DE GRANO LARGO
	AGUA, SAL
4	GAMBAS GORDAS
250	GRAMOS DE RAPE
1	KILO DE TOMATES MADUROS
1	COPITA DE VINO BLANCO SECO
2	HUEVOS
2	DECILITROS DE ACEITE DE OLIVA (2 TACITAS)
1	CUCHARADITA DE AZÚCAR
	SAL

Preparar el arroz según la RECETA BÁSICA DEL ARROZ BLANCO.

Cortar el rape en lonchas.

Pelar y triturar los tomates. Cocer los huevos y picarlos.

Calentar el aceite en una sartén y freír el rape cortado en lonchas. Sacarlo y reservarlo. Freír las gambas; sacarlas.

En ese aceite freír los tomates a fuego medio durante 30 minutos aproximadamente, poniéndoles un poco de sal y una cucharadita de azúcar.

Añadir al final, el vino blanco, el rape troceado y las gambas peladas. Mantenerlo al calor.

Saltear el arroz en una sartén, con un poco de aceite, ponerlo en un molde de corona apretándolo ligeramente.

Desmoldarlo y llenar el centro con la salsa de tomate, rape y gambas.

Espolvorear con los huevos cocidos picados.

ARROZ BLANCO RÁPIDO

INGREDIENTES:

PARA 4 PERSONAS

- 350 GRAMOS DE ARROZ DE GRANO LARGO
- 100 GRAMOS DE QUESO RALLADO
- 100 GRAMOS DE JAMÓN DE YORK
- 150 GRAMOS DE GUISANTES COCIDOS
- 1 CUCHARADITA DE SALSA DE SOYA
- 4 CUCHARADAS SOPERAS DE ACEITE DE OLIVA
- 1 TAZÓN DE MAYONESA

Preparar el arroz según la RECETA BÁSICA DEL ARROZ BLANCO.

Calentar el aceite en una sartén, rehogar el arroz cocido, añadir los guisantes, el jamón cortado a tiritas, el queso rallado y una cucharadita de salsa de Soya. Mezclar bien, poner en una fuente y servir aparte la mayonesa.

ARROZ BLANCO CON SALSA DE GAMBAS

INGREDIENTES:

PARA 4 PERSONAS

300	GRAMOS DE ARROZ DE GRANO LARGO
	AGUA, SAL
400	GRAMOS DE GAMBAS FRESCAS
1	VASITO DE COÑAC
4	CUCHARADAS SOPERAS DE SALSA DE TOMATE
3	CUCHARADAS SOPERAS DE ACEITE DE OLIVA
	SAL, PIMIENTA

Preparar el arroz según la RECETA BÁSICA DEL ARROZ BLANCO.

Pelar las gambas. Reservar las colas limpias. Cocer las cabezas y caparazones con agua que las cubra ligeramente y un poco de sal durante 10 minutos.

Pasar el caldo por un colador fino, presionando las peladuras para que suelten todo su sabor.

Calentar el aceite en una sartén, freír las colas de las gambas y verter el coñac sobre ellas.

Añadir las 4 cucharadas soperas de salsa de tomate y el agua donde han cocido las cabezas y caparazones.

Mezclar y tener a fuego lento hasta que espese un poco.

Probar, sazonar con sal y una pizca de pimienta.

Saltear el arroz cocido con un poco de aceite, pasarlo a una fuente, dejar un hueco en el centro y poner ahí la salsa de gambas.

ARROZ BLANCO «TRES SABORES»

INGREDIENTES:

PARA 4 PERSONAS

350	GRAMOS DE ARROZ DE GRANO LARGO
	AGUA, SAL
250	GRAMOS DE CARNE PICADA
100	GRAMOS DE CHAMPIÑONES EN CONSERVA
100	GRAMOS DE GUISANTES COCIDOS
3	HUEVOS
2	CUCHARADAS SOPERAS DE ACEITE DE OLIVA
1	CUCHARADA SOPERA DE SALSA DE SOYA

Preparar el arroz según la RECETA BÁSICA DEL ARROZ BLANCO.

Calentar el aceite en una sartén y freír la carne picada, añadir los huevos batidos, revolver hasta que vayan cuajando.

Poner a continuación los champiñones troceados, los guisantes cocidos y la salsa de Soya.

Probar el punto de sal y rectificar si es necesario.

Incorporar el arroz cocido, mezclar bien y servir.

MOLDE DE ARROZ BLANCO CON BONITO

INGREDIENTES:

PARA 4 PERSONAS

300	GRAMOS DE ARROZ DE GRANO LARGO
	AGUA, SAL
300	GRAMOS DE BONITO EN ACEITE
3	HUEVOS
6	CUCHARADAS SOPERAS DE TOMATE FRITO
2	CUCHARADAS SOPERAS DE ACEITE DE OLIVA
4	RAMITOS DE PEREJIL
2	DIENTES DE AJO
	SAL
1	TAZÓN DE SALSA DE TOMATE O MAYONESA

Preparar el arroz según la RECETA BÁSICA DEL ARROZ BLANCO.

Picar finamente el perejil.

Pelar y picar los ajos.

Batir los huevos y hacer una tortilla del tamaño del molde que se vaya a utilizar.

Desmenuzar el bonito y mezclarlo con las 6 cucharadas de tomate frito.

Saltear el arroz cocido con las dos cucharadas soperas de aceite y los ajos picados.

Fuera del fuego, espolvorear con el perejil picado.

Humedecer un molde con un poco de agua. Poner una capa de arroz, otra de bonito con tomate, luego la tortilla, después otra capa de bonito con tomate y finalmente otra capa de arroz.

Apretar ligeramente, desmoldar y servir con la salsa de tomate o mayonesa, puesta en salsera aparte.

MOLDE DE ARROZ BLANCO CON JAMÓN Y QUESO

INGREDIENTES:

PARA 4 PERSONAS

400	GRAMOS DE ARROZ DE GRANO LARGO
	AGUA, SAL
250	GRAMOS DE JAMÓN DE YORK, EN LONCHAS FINAS
100	GRAMOS DE QUESO GRUYERE RALLADO
4	CUCHARADAS SOPERAS DE ACEITE DE OLIVA
1	DIENTE DE AJO
1	TAZÓN DE SALSA DE TOMATE

Preparar el arroz según la RECETA BÁSICA DEL ARROZ BLANCO.

Encender el horno a temperatura media.

Calentar el aceite en una sartén, freír el diente de ajo, sacarlo y rehogar el arroz cocido.

Añadir el queso rallado y darle vueltas, a fuego lento, hasta que se derrita.

Untar un molde de horno con un poco de aceite, forrarlo con unas lonchas de jamón de york y rellenarlo con la mezcla de arroz y queso, cubrirlo con otras lonchas de jamón de york y meter a horno medio 10 minutos.

Sacar, desmoldar y servir con salsa de tomate, en salsera aparte.

PASTEL DE CARNE Y ARROZ

INGREDIENTES:

PARA 4 PERSONAS

200 GRAMOS DE ARROZ DE GRANO LARGO
AGUA, SAL
60 GRAMOS DE QUESO PARMESANO RALLADO

PARA EL RELLENO

UNA CEBOLLA MEDIANA
100 GRAMOS DE HIGADILLOS DE POLLO
100 GRAMOS DE MAGRO DE CERDO PICADO
50 GRAMOS DE JAMÓN COCIDO
50 GRAMOS DE CHAMPIÑÓN EN CONSERVA
1/2 VASITO DE VINO BLANCO
2 HUEVOS
1 DECILITRO DE ACEITE DE OLIVA (1 TACITA)
SAL, PIMIENTA, PAN RALLADO
1 TAZÓN DE SALSA DE TOMATE.

Preparar el arroz según la RECETA BÁSICA DEL ARROZ BLANCO.

Mezclar el arroz ya cocido con el queso parmesano rallado. Reservarlo.

En una sartén amplia, calentar el aceite y freír un poco los higadillos de pollo; sacarlos y poner la cebolla picada, teniéndola a fuego lento hasta que se dore.

Mezclar mientras tanto el magro picado con los higadillos y el jamón troceados, el champiñón fileteado, el vino blanco y los huevos batidos. Poner un poco de sal y pimienta. Encender el horno (temperatura media).

Incorporar esto a la sartén donde se está dorando la cebolla y rehogarlo 10 minutos.

Untar un molde de horno con un poco de aceite y pan rallado, poner una capa de arroz apretando un poco; a continuación el relleno y por último otra capa de arroz.

Cocer a horno medio 15 minutos.

Desmoldar y servir con salsa de tomate, puesta por encima o en una salsera aparte.

Arroces blancos con frutas y verduras

Arroces blancos con frutas y verduras

En estos arroces, el agua de la cocción, según cada receta, puede sustituirse por el agua en la que se han cocido verduras (zanahorias, puerros, espinacas, etc.) e incluso se puede cocer también el arroz con jugos de frutas (naranja, piña, etc.).

De este modo podemos aportar un «toque» de sabor y de color a las distintas recetas, que mejorará notablemente el resultado final.

ARROZ BLANCO CON BERENJENAS

INGREDIENTES:

PARA 4 PERSONAS

200	GRAMOS DE ARROZ DE GRANO LARGO
	AGUA, SAL
4	BERENJENAS LARGAS
100	GRAMOS DE BACON
1	KILO DE TOMATES MADUROS
100	GRAMOS DE QUESO RALLADO
3	HUEVOS
1/4	LITRO DE ACEITE DE OLIVA
1	CUCHARADITA DE AZÚCAR
	SAL

Preparar el arroz según la RECETA BÁSICA DEL ARROZ BLANCO.

Pelar y triturar los tomates. Freírlos añadiéndoles un poco de sal y una cucharadita de azúcar.

Lavar y cortar las berenjenas. Cortarlas a lo largo en lonchas finas. Espolvorearlas de sal y dejarlas reposar una hora.

Al cabo de este tiempo, secarlas y freírlas en el aceite caliente. Forrar con ellas un molde de horno, reservando 3 o 4 lonchas.

Mezclar el arroz cocido con los huevos batidos, 4 cucharadas soperas de tomate frito, el bacon cortado en trocitos y el queso rallado.

Llenar el molde con todos estos ingredientes y cubrirlo con las lonchas de berenjena reservadas.

Cocer al baño María 20 minutos.

Desmoldar y servir con el resto del tomate frito alrededor.

ARROZ BLANCO CON CALABACINES

INGREDIENTES:

PARA 4 PERSONAS

200	GRAMOS DE ARROZ DE GRANO LARGO
	AGUA, SAL
300	GRAMOS DE CALABACINES
2	HUEVOS
2	CUCHARADAS SOPERAS DE QUESO RALLADO
1	DECILITRO DE ACEITE DE OLIVA (1 TACITA)
	SAL, PAN RALLADO
1	TAZÓN DE SALSA DE TOMATE

Preparar el arroz según la RECETA BÁSICA DEL ARROZ BLANCO.

Lavar los calabacines, cortarles los dos extremos y partirlos, sin pelar, en lonchas finas. Ponerles sal.

Calentar el aceite en una sartén, freír los calabacines hasta que se ablanden un poco, sacarlos y escurrirlos en un colador para que suelten el aceite.

Mezclar el arroz cocido con los huevos batidos, los calabacines fritos y el queso rallado.

Untar un molde de horno con aceite, espolvorear con pan rallado y llenar con la mezcla de arroz, calabacines, etc. y demás ingredientes.

Meter a horno caliente durante 15 minutos.

Servir con salsa de tomate.

ARROZ BLANCO CON CREMA DE NUECES

INGREDIENTES:

PARA 4 PERSONAS

400	GRAMOS DE ARROZ DE GRANO LARGO
	AGUA, SAL
50	GRAMOS DE NUECES PELADAS
50	GRAMOS DE QUESO PARMESANO RALLADO
3	CUCHARADAS SOPERAS DE ACEITE DE OLIVA
2	DIENTES DE AJO
2	CUCHARADAS SOPERAS DE PEREJIL TROCEADO
	SAL, PIMIENTA

Preparar el arroz según la RECETA BÁSICA DEL ARROZ BLANCO.

Machacar en un mortero el perejil, los dientes de ajo y las nueces hasta que se forme una pasta suave.

Añadir el queso rallado e incorporar poco a poco el aceite sin dejar de remover.

Sazonar con sal y una pizca de pimienta.

En una sartén, poner una cucharada de aceite, cuando esté caliente, rehogar el arroz cocido unos minutos, añadir la crema de nueces, mezclar y servir.

ARROZ BLANCO CON CHAMPIÑONES

INGREDIENTES:

PARA 4 PERSONAS

400	GRAMOS DE ARROZ DE GRANO LARGO
	AGUA, SAL
1/2	KILO DE CHAMPIÑÓN FRESCO
100	GRAMOS DE BACON
2	DIENTES DE AJO
4	CUCHARADAS SOPERAS DE ACEITE DE OLIVA
	LIMÓN, SAL

Preparar el arroz según la RECETA BÁSICA DEL ARROZ BLANCO.

Limpiar los champiñones e ir poniéndolos en agua con zumo de limón. Escurrirlos, secarlos y cortarlos en láminas.

En una cazuela, calentar el aceite, freír el bacon cortado a tiras, los dientes de ajo picados y a continuación los champiñones.

Poner un poco de sal, tapar y cocer 15 minutos removiendo de vez en cuando.

Saltear el arroz cocido en una sartén con una cucharada de aceite, ponerlo en un molde, apretar un poco, desmoldar y servir con los champiñones alrededor.

ARROZ BLANCO CON DÁTILES Y ALMENDRAS

INGREDIENTES:

PARA 4 PERSONAS

300	GRAMOS DE ARROZ DE GRANO LARGO
	AGUA, SAL
100	GRAMOS DE ALMENDRAS PELADAS
100	GRAMOS DE DÁTILES
50	GRAMOS DE PASAS DE CORINTO (SIN SEMILLA)
2	CUCHARADAS SOPERAS DE PIÑONES
1	CUCHARADA SOPERA DE ACEITE DE OLIVA

Preparar el arroz según la RECETA BÁSICA DEL ARROZ BLANCO.

Filetear o picar las almendras.

Deshuesar y picar los dátiles.

En una cazuela pequeña poner los dátiles y las pasas, cubrirlos apenas de agua y cocerlos a fuego lento 10 minutos. Sacarlos y escurrirlos.

Calentar el aceite en una sartén, freír ligeramente las almendras y los piñones. Añadir los dátiles y las pasas.

Incorporar el arroz y mezclar bien.

Puede servirse como guarnición.

ARROZ BLANCO CON FRUTAS

INGREDIENTES:

PARA 4 PERSONAS

200	GRAMOS DE ARROZ DE GRANO LARGO
	AGUA, SAL
2	MANZANAS
2	PLÁTANOS
2	RODAJAS DE PIÑA
50	GRAMOS DE PASAS DE CORINTO (SIN SEMILLA)
20	GRAMOS DE PIÑONES
2	CUCHARADAS SOPERAS DE ACEITE DE OLIVA

Preparar el arroz según la RECETA BÁSICA DEL ARROZ BLANCO.

Poner las pasas a remojo con agua tibia.

Pelar y trocear las manzanas.

Pelar los plátanos y cortarlos en rodajas finas.

Trocear las rodajas de piña.

Rehogar en el aceite las manzanas, plátanos, piñones, pasas (previamente escurridas) y piña.

Incorporar el arroz cocido, mezclar bien con el resto de los ingredientes y servir templado.

ARROZ BLANCO CON NÍSCALOS «Rovellons»

INGREDIENTES:

PARA 4 PERSONAS

400	GRAMOS DE ARROZ DE GRANO LARGO
	AGUA, SAL
500	GRAMOS DE NÍSCALOS
50	GRAMOS DE QUESO RALLADO
1	CEBOLLA MEDIANA
2	DIENTES DE AJO
200	GRAMOS DE TOMATES
1	CUCHARADITA DE PIMENTÓN
4	RAMITAS DE PEREJIL PICADO
	SAL, PIMIENTA
1	DECILITRO DE ACEITE DE OLIVA (1 TACITA)

Preparar el arroz según la RECETA BÁSICA DEL ARROZ BLANCO.

Cuando esté tibio, incorporar el queso rallado y mezclar bien.

Trocear finamente el perejil.

Pelar y picar la cebolla, los tomates y los ajos.

Limpiar los níscalos y cortarlos en lonchas finas.

En una sartén, con el aceite caliente, dorar la cebolla picada, los ajos troceados y agregar una cucharadita de pimentón.

Incorporar inmediatamente los níscalos y rehogarlos.

Añadir los tomates, pelados y triturados, un poco de sal y una pizca de pimienta. Tener a fuego lento 15 minutos.

Aparte, rehogar el arroz con una pizca de aceite unos momentos. Ponerlo en moldes individuales, apretar un poco y desmoldar.

Servir con el perejil picado espolvoreado por encima y servir en fuente aparte los níscalos con su salsa.

ARROZ BLANCO CON PIMIENTOS RELLENOS

INGREDIENTES:

PARA 4 PERSONAS

200	GRAMOS DE ARROZ DE GRANO LARGO
	AGUA, SAL
8	PIMIENTOS DEL PICO
300	GRAMOS DE MAÍZ COCIDO
8	LONCHAS DE QUESO DE NATA
50	GRAMOS DE PASAS DE CORINTO (SIN SEMILLA)
1	HUEVO
1/4	LITRO DE ACEITE DE OLIVA (PARA FREÍR)
	HARINA (PARA REBOZAR)

Preparar el arroz según la RECETA BÁSICA DEL ARROZ BLANCO.

Poner las pasas a remojo con agua tibia.

Asar los pimientos, vaciarlos y pelarlos con cuidado (pueden utilizarse los que se venden en conserva).

Rellenar cada pimiento con una loncha de queso y una cucharada de maíz cocido, ponerle una pizca de sal y cerrarlo con un palillo.

Pasarlos por harina y huevo batido y freírlos en aceite caliente.

Quitar los palillos.

Rehogar el arroz cocido con una cucharada de aceite, añadir las pasas escurridas y maíz cocido (si sobró algo del relleno).

Ponerlo en el centro de una fuente y colocar alrededor, apoyándose en él, los pimientos rellenos.

ARROZ BLANCO CON PIÑA

INGREDIENTES:

PARA 4 PERSONAS

300	GRAMOS DE ARROZ DE GRANO LARGO
	AGUA, SAL
250	GRAMOS DE PECHUGA DE POLLO (DESHUESADA)
6	RODAJAS DE PIÑA EN ALMÍBAR
400	GRAMOS DE GUISANTES COCIDOS
50	GRAMOS DE PASAS DE CORINTO (SIN SEMILLAS)
1	DECILITRO DE ACEITE DE OLIVA (1 TACITA)

Preparar el arroz según la RECETA BÁSICA DEL ARROZ BLANCO.

Poner las pasas a remojo con el jugo de la piña en almíbar.

Freír la pechuga de pollo en el aceite caliente, sacarla y trocearla.

Partir en trozos pequeños las 4 rodajas de piña. Rehogarlos en el aceite que se ha frito la pechuga; añadir los guisantes cocidos, los trocitos de pechuga frita y las pasas (previamente escurridas). Poner por último el arroz cocido, mezclándolo bien con el resto de los ingredientes.

Servirlo en el centro de una fuente, poniendo alrededor unas rodajas de piña partidas por la mitad.

Esta receta puede constituir un primer plato o servir como guarnición para carnes de cerdo.

ARROZ BLANCO CON PIÑA Y PIÑONES

INGREDIENTES:

PARA 4 PERSONAS

300	GRAMOS DE ARROZ DE GRANO LARGO
	AGUA, SAL
350	GRAMOS DE PIÑA EN CONSERVA
200	GRAMOS DE BACON
50	GRAMOS DE PIÑONES
1	CEBOLLA MEDIANA
2	CUCHARADAS SOPERAS DE JEREZ SECO
4	CUCHARADAS SOPERAS DE ACEITE DE OLIVA

Preparar el arroz según la RECETA BÁSICA DEL ARROZ BLANCO.

Picar la cebolla, trocear la piña y el bacon.

En una sartén amplia, calentar el aceite, freír la cebolla y cuando empiece a dorarse añadir el bacon.

Cuando el bacon empiece a dorarse, añadir la piña y los piñones, a continuación el jerez y por último el arroz cocido.

Mezclar bien y servir templado.

ARROZ BLANCO CON PISTO Y HUEVOS FRITOS

INGREDIENTES:

PARA 4 PERSONAS

300	GRAMOS DE ARROZ DE GRANO LARGO
	AGUA, SAL
4	HUEVOS
400	GRAMOS DE TOMATES MADUROS
1	CEBOLLA MEDIANA
1	PIMIENTO MEDIANO
1	BERENJENA MEDIANA
1	CALABACÍN PEQUEÑO
2	DECILITROS DE ACEITE DE OLIVA (2 TACITAS)
	SAL
	ACEITE DE OLIVA PARA FREÍR LOS HUEVOS

Preparar el arroz según la RECETA BÁSICA DEL ARROZ BLANCO.

Picar la cebolla. Trocear el pimiento (quitando las semillas).

Pelar y trocear a cuadritos la berenjena y el calabacín.

Pelar y triturar los tomates.

Calentar 2 decilitros de aceite, en una sartén amplia, al fuego.

Freír por este orden: el pimiento, la berenjena, luego la cebolla y a los cinco minutos el calabacín, añadiendo por último los tomates.

Añadir un poco de sal y mantener a fuego lento entre 45 y 60 minutos aproximadamente, removiendo a menudo. Cuando el pisto esté hecho, reservar al calor.

Freír los huevos en aceite abundante y caliente.

Saltear el arroz cocido con un poco de aceite.

Pasarlo a una fuente, poner alrededor los huevos fritos y servir aparte el pisto.

ARROZ BLANCO CON ZANAHORIAS

INGREDIENTES:

PARA 4 PERSONAS

300	GRAMOS DE ARROZ DE GRANO LARGO
1/2	KILO DE ZANAHORIAS
1	CEBOLLA MEDIANA
1	CUCHARADA SOPERA DE AZÚCAR
4	CUCHARADAS SOPERAS DE ACEITE DE OLIVA
1/2	CUCHARADITA DE CANELA EN POLVO
	SAL
1	TAZÓN DE MAYONESA

Preparar el arroz según la RECETA BÁSICA DEL ARROZ BLANCO.

Picar la cebolla. Rallar las zanahorias.

Calentar el aceite en una sartén y freír la cebolla picada, agregar las zanahorias ralladas, el azúcar, la canela y rehogar a fuego lento 10 minutos.

Untar con aceite un molde de horno, poner una capa de arroz cocido, otra de cebolla y zanahoria y una más de arroz cocido. Apretar un poco.

Meter a horno suave durante 10 minutos.

Dejar entibiar y desmoldar.

Servir con la salsa mayonesa en salsera aparte.

CALABACINES RELLENOS DE ARROZ

INGREDIENTES:

PARA 4 PERSONAS

4	CALABACINES MEDIANOS
50	GRAMOS DE ARROZ BLANCO COCIDO
100	GRAMOS DE MAGRO DE CERDO PICADO
4	CUCHARADAS SOPERAS DE TOMATE FRITO
4	CUCHARADAS SOPERAS DE QUESO RALLADO
2	CUCHARADAS SOPERAS DE ACEITE DE OLIVA
	SAL, PIMIENTA

Partir los calabacines a lo largo, sin pelarlos, quitando los extremos.

Cocerlos con agua que los cubra un poco de sal, 10 minutos.

Sacarlos y escurrirlos y vaciarlos un poco (como una barquita).

Reservar lo vaciado y trocearlo.

En una sartén, con el aceite caliente, poner el magro de cerdo, darle unas vueltas, después la pulpa de calabacín y freír de 8 a 10 minutos. Agregar el tomate y freír 5 minutos. Incorporar el arroz cocido y poner un poco de sal y pimienta.

Rellenar con esta mezcla el hueco de los calabacines. Ponerlos en una fuente de horno, espolvorearlos con el queso rallado.

Meter al horno y gratinar hasta que se doren.

MOLDE DE ARROZ BLANCO CON ESPINACAS

INGREDIENTES:

PARA 4 PERSONAS

300	GRAMOS DE ARROZ DE GRANO LARGO
	AGUA, SAL
150	GRAMOS DE JAMÓN SERRANO
1	KILO DE ESPINACAS FRESCAS
1	CEBOLLA MEDIANA
2	HUEVOS
50	GRAMOS DE QUESO RALLADO
2	DECILITROS DE ACEITE DE OLIVA (2 TACITAS)
	SAL, PIMIENTA, NUEZ MOSCADA
2	TOMATES MADUROS Y FIRMES
1	HUEVO COCIDO

Preparar el arroz según la RECETA BÁSICA DEL ARROZ BLANCO.

Limpiar, lavar varias veces, trocear y escurrir las espinacas.

Pelar y picar la cebolla. Trocear finamente el jamón serrano.

Poner el aceite en una sartén amplia, al fuego, y dorar la cebolla, picada fina. Añadir las espinacas escurridas y rehogarlas a fuego medio, hasta que reduzcan un poco su volumen.

Poner un poco de sal y espolvorear con una pizca de pimienta y nuez moscada rallada.

Mantener a fuego medio hasta que pierdan el líquido.

Batir los huevos y echarlos sobre las espinacas revolviéndolos un poco. Apartar del fuego.

Encender el horno a temperatura suave.

Saltear el arroz cocido con un poco de aceite.

Añadirle el queso rallado y el jamón. Mezclar bien.

Untar un molde de horno con aceite, y poner una capa de arroz, las espinacas y por último una capa de arroz; apretar un poco.

Meter a horno suave durante 15 minutos.

Adornar con los tomates cortados en gajos y el huevo duro picado por encima.

TOMATES RELLENOS DE ARROZ Y CARNE

INGREDIENTES:

PARA 4 PERSONAS

- 8 TOMATES MADUROS Y FIRMES DE TAMAÑO MEDIANO
- 100 GRAMOS DE ARROZ BLANCO COCIDO
- 100 GRAMOS DE CARNE DE CERDO PICADA
- 1 CEBOLLA PEQUEÑA
- 4 CUCHARADAS SOPERAS DE ACEITE DE OLIVA
- 4 CUCHARADAS SOPERAS DE QUESO RALLADO
- 1 CUCHARADITA DE ORÉGANO
- SAL, PIMIENTA
- PAN RALLADO

Pelar y picar la cebolla.

Cortar un casquete a los tomates, vaciarlos, ponerlos boca abajo para que escurran sobre papel de celulosa o un paño de cocina.

Encender el horno (temperatura caliente)

En una sartén, calentar el aceite, freír la cebolla picada.

Cuando empiece a dorarse, añadir la carne y rehogar, a fuego lento, 5 minutos. Incorporar el arroz cocido, espolvorear con el orégano, sal y un poco de pimienta.

Rellenar los tomates con esta mezcla. Ponerlos en una fuente de horno y espolvorearlos con el pan rallado y el queso.

Meterlos a horno caliente durante 20 minutos.

TOMATES RELLENOS DE ARROZ, CARNE Y QUESO

INGREDIENTES:

PARA 4 PERSONAS

4	TOMATES MADUROS Y GRANDES
100	GRAMOS DE ARROZ COCIDO
100	GRAMOS DE CARNE PICADA
4	LONCHAS DE QUESO CREMOSO
2	PASTILLAS DE CALDO DE CARNE
1	CEBOLLA PEQUEÑA
1	DECILITRO DE ACEITE DE OLIVA (1 TACITA)

Lavar los tomates, cortarles un casquete, vaciarlos y ponerlos boca abajo para que escurran, sobre papel celulosa.

Encender el horno (temperatura caliente).

Calentar el aceite en una sartén, freír la cebolla picada, cuando se dore añadir la carne y rehogar durante 5 minutos a fuego lento. Agregar el arroz cocido y mezclar bien.

Desmenuzar media pastilla de caldo de carne dentro de cada tomate, rellenarlos con la mezcla de arroz, carne y cebolla y cubrir cada uno con una loncha de queso.

Colocarlos en una fuente refractaria y meter en el horno caliente 20 minutos.

TOMATES RELLENOS DE ARROZ Y VERDURAS

INGREDIENTES:

PARA 4 PERSONAS

8	TOMATES PEQUEÑOS
100	GRAMOS DE ARROZ COCIDO
1	PIMIENTO VERDE PEQUEÑO
1	BERENJENA MEDIANA
1	DECILITRO DE ACEITE DE OLIVA (1 TACITA)
	SAL
4	CUCHARADAS SOPERAS DE QUESO RALLADO

Cortar un casquete a los tomates y vaciarlos (reservando la pulpa) ponerlos boca abajo para que escurran, sobre papel celulosa o un paño de cocina.

Lavar, secar, trocear el pimiento y quitarle las semillas.

Pelar y trocear la berenjena.

Calentar el aceite en una sartén, freír el pimiento, la berenjena y la pulpa que se sacó del tomate. Añadir un poco de sal.

Mantener a fuego medio 20 minutos, incorporar el arroz cocido y rellenar con esta mezcla los tomates.

Encender el horno a temperatura media.

Ponerlos en una fuente de horno y espolvorear con el queso rallado.

Meterlos a horno medio 20 minutos y servir templados.

Frituras y guarniciones

Frituras y guarniciones

Una forma práctica y agradable de aprovechar un resto de arroz blanco cocido, son las frituras y guarniciones.

Ese es el motivo por el que, en casi todas estas recetas, se expresa la cantidad de arroz, ya preparado. Como nota orientativa, se puede decir que el arroz crudo triplica normalmente su volumen, después de cocido.

ARROZ BLANCO PARA GUARNICIÓN

INGREDIENTES:

PARA 4 PERSONAS

300	GRAMOS DE ARROZ DE GRANO LARGO
$1^1/_2$	LITROS DE AGUA
1	CUCHARADITA DE SAL
2	DIENTES DE AJO
1	HOJA PEQUEÑA DE LAUREL
4	RAMITAS DE PEREJIL
3	CUCHARADAS SOPERAS DE ACEITE DE OLIVA

Preparar el arroz según la RECETA BÁSICA DEL ARROZ BLANCO.

Pelar los dientes de ajo. Trocear el perejil muy fino.

Poner el aceite, en una sartén amplia, al fuego.

Cuando esté caliente freír los ajos enteros. En ese aceite, rehogar el arroz durante dos o tres minutos con la hoja de laurel.

Retirar los ajos y el laurel, pasar a una fuente y espolvorear con el perejil picado.

ALBÓNDIGAS DE CARNE Y ARROZ

INGREDIENTES:

PARA 4 PERSONAS

- 100 GRAMOS DE ARROZ BLANCO COCIDO
- 250 GRAMOS DE CARNE DE CERDO PICADA
- 1 HUEVO
- 1 DIENTE DE AJO
- 1 COPITA DE JEREZ
- 1 RAMA DE PEREJIL
- SAL
- HARINA PARA REBOZAR
- 1/2 LITRO DE ACEITE DE OLIVA PARA FREÍR

PARA LA SALSA:

- 1 KILO DE TOMATES
- 1 CEBOLLA MEDIANA
- 4 CUCHARADAS SOPERAS DE ACEITE DE OLIVA
- 1 CUCHARADITA DE AZÚCAR

Mezclar la carne picada con el ajo y perejil troceados muy finos. Añadir el huevo batido, el jerez, un poco de sal y el arroz cocido.

Amasar un poco y formar las albóndigas. Rebozarlas con harina. Freírlas en aceite muy caliente y reservarlas al calor.

Preparar una salsa de tomate friendo en una sartén. con 4 cucharadas de aceite la cebolla picada. Cuando esté empezando a dorarse, añadir los tomates triturados y luego un poco de sal.

Mantener a fuego medio unos 30 minutos, poniendo, casi al final, una cucharadita de azúcar.

Cuando la salsa esté hecha, poner en ella las albóndigas, darles un ligero hervor y servir.

BOLITAS DE ARROZ CON QUESO

INGREDIENTES:

PARA 4 PERSONAS

200	GRAMOS DE ARROZ BLANCO COCIDO
2	CUCHARADAS SOPERAS DE QUESO RALLADO
3	HUEVOS
1/2	DECILITRO DE ACEITE DE OLIVA
100	GRAMOS DE QUESO TIERNO
	SAL, PIMIENTA
	PAN RALLADO
1/4	LITRO DE ACEITE PARA FREÍR

Rehogar el arroz cocido en una sartén con el $^1/_2$ decilitro de aceite y el queso rallado. Apartar del fuego. Cuando esté tibio, añadir 2 huevos batidos y dejar enfriar.

Cortar el queso tierno en láminas y ponerles una pizca de sal y pimienta.

Con la mezcla del arroz y los huevos, formar unas bolitas e introducirles en el centro una lámina de queso tierno.

Pasarlas por huevo batido y pan rallado y freírlas en aceite muy caliente.

EMPAREDADOS DE ARROZ CON JAMÓN Y QUESO

INGREDIENTES:

PARA 4 PERSONAS

200	GRAMOS DE ARROZ
	AGUA, SAL
2	HUEVOS
75	GRAMOS DE QUESO GRUYERE
75	GRAMOS DE JAMÓN SERRANO
	HARINA, PAN RALLADO
1/4	LITRO DE ACEITE DE OLIVA PARA FREÍR

Preparar el arroz según la RECETA BÁSICA DEL ARROZ BLANCO.

Batir los huevos, mezclar con el arroz cocido y dejar enfriar en la nevera.

Cortar el jamón y el queso en cuadritos de 2 centímetros.

Enharinar las palmas de las manos, poner en una de ellas una cucharada sopera de la mezcla de arroz cocido con huevo, colocar encima un trocito de jamón y otro de queso, otra cucharada sopera de la mezcla de arroz cocido con huevo. Aplanar entre las dos manos.

Rebozar con pan rallado y freír en aceite muy caliente, de tres en tres, procurando que queden dorados.

Sacar y escurrir sobre papel celulosa de cocina.

Mantener calientes hasta el momento de servir.

ROLLITOS DE JAMÓN CON ARROZ

INGREDIENTES:

PARA 4 PERSONAS

8	LONCHAS GRANDES DE JAMÓN DE YORK
100	GRAMOS DE ARROZ BLANCO COCIDO
100	GRAMOS DE GUISANTES COCIDOS
2	TOMATES MADUROS Y FIRMES
4	CUCHARADAS SOPERAS DE MAYONESA
1	LECHUGA

Pelar y trocear los tomates y mezclarlos con el arroz cocido, los guisantes y la mayonesa.

Rellenar con esta mezcla las lonchas de jamón y enrollar.

Lavar, escurrir y trocear finamente la lechuga, ponerla en una fuente y colocar sobre ella los rollitos de jamón.

TORTILLAS DE ARROZ (PARA GUARNICIÓN DE CARNE O PESCADO)

INGREDIENTES:

PARA 4 PERSONAS

- 100 GRAMOS DE ARROZ BLANCO COCIDO
- 4 CUCHARADITAS DE ACEITE DE OLIVA
- 1 HUEVO
- SAL

Mezclar el arroz cocido con el huevo batido y una pizca de sal.

Poner al fuego una sartén pequeña con 1 cucharadita de aceite, echar dos cucharadas de la mezcla de arroz y huevo y hacer una tortilla redonda y fina, dándole vuelta, procurando que esté dorada por los dos lados.

Repetir esta misma operación las veces necesarias hasta terminar la mezcla.

SALSA DE YOGUR CON PEPINO (PARA ACOMPAÑAR PLATOS DE ARROZ BLANCO)

- 3 YOGURES NATURALES
- 1 PEPINO PEQUEÑO
- 1 DIENTE DE AJO
- 1 O 2 CUCHARADITAS DE HIERBABUENA SECA

Pelar el pepino y rallarlo. Dejar escurrir en un colador 15 minutos.

Poner los yogures en un bol, añadir el pepino rallado, el ajo machacado y la hierbabuena.

Mezclar bien y servir fría.

Ensaladas de arroz

Ensaladas de arroz

Las ensaladas de arroz pueden prepararse con facilidad e incluso con antelación. Constituyen un primer plato o sirven como guarnición o acompañamiento de otros muchos y, especialmente en verano, que es tiempo de comidas frescas y rápidas, solucionan muchas veces el problema de la elección de menú.

La sal no va indicada en muchas recetas porque, debido a la mezcla de ingredientes, es preferible que el gusto personal marque la pauta adecuada.

ENSALADA DE ARROZ CON ATÚN Y VERDURAS

INGREDIENTES:

PARA 4 PERSONAS

- 200 GRAMOS DE ARROZ DE GRANO LARGO
- 200 GRAMOS DE ATÚN ASALMONADO (EN CONSERVA)
- 100 GRAMOS DE JUDÍAS VERDES COCIDAS
- 100 GRAMOS DE PIMIENTOS ASADOS
- 100 GRAMOS DE GUISANTES COCIDOS
- 50 GRAMOS DE PEPINILLOS
- 1 COGOLLO DE LECHUGA
- 2 HUEVOS COCIDOS
- 2 TOMATES MADUROS Y FIRMES
- ACEITE DE OLIVA, VINAGRE Y SAL

Poner 1 litro de agua con una cucharadita de sal en una cazuela al fuego.

Cuando esté hirviendo, echar el arroz, remover y cocer a fuego medio de 12 a 15 minutos.

Probar unos granos de arroz para verificar el punto de cocción.

Pasar a un colador, poner bajo el grifo de agua fría, enjuagar rápidamente, escurrir y ponerlo en una ensaladera de cristal. Removerlo con un tenedor para que no se apelmace.

Trocear las judías y los pimientos, añadir los guisantes.

Cortar en rodajas finas los huevos cocidos y los pepinillos.

Lavar, escurrir y trocear la lechuga.

Desmenuzar el atún asalmonado.

Mezclar todos estos ingredientes con el arroz y aliñar con aceite, vinagre y sal.

Lavar los tomates, cortarlos en lonchas y colocarlos por encima, aderezándolos también con aceite, vinagre y sal.

ENSALADA DE ARROZ CON BONITO

INGREDIENTES:

PARA 4 PERSONAS

- 200 GRAMOS DE ARROZ DE GRANO LARGO
- 200 GRAMOS DE BONITO EN ACEITE
- 100 GRAMOS DE GUISANTES COCIDOS
- 2 HUEVOS COCIDOS
- 2 ZANAHORIAS COCIDAS
- 2 TOMATES MADUROS Y FIRMES
- 50 GRAMOS DE ACEITUNAS SIN HUESO
- 2 RAMITAS DE ALBAHACA FRESCA

PARA LA SALSA:

- 5 CUCHARADAS SOPERAS DE ACEITE DE OLIVA
- 2 CUCHARADAS SOPERAS DE ZUMO DE LIMÓN
- 1 CEBOLLA PEQUEÑA
- SAL, PIMIENTA MOLIDA
- 1 RAMITA DE PEREJIL

Poner 1 litro de agua con una cucharadita de sal en una cazuela al fuego.

Cuando esté hirviendo, echar el arroz, remover y cocer a fuego medio de 12 a 15 minutos.

Probar unos granos de arroz para verificar el punto de cocción.

Pasar a un colador, poner bajo el grifo de agua fría, enjuagar rápidamente, escurrir y ponerlo en una ensaladera de cristal. Removerlo con un tenedor para que no se apelmace.

Preparar la salsa con los ingredientes citados, picando la cebolla y el perejil muy finos.

Desmenuzar el bonito y mezclar con los guisantes.

Lavar los tomates y partirlos en dados.

Cortar en lonchas finas las zanahorias y los huevos cocidos.

Mezclar todos estos ingredientes con el arroz, aderezar con la salsa preparada de antemano y adornar con las aceitunas y las ramitas de albahaca cortadas finas.

ENSALADA DE ARROZ CON CERDO AHUMADO

INGREDIENTES:

PARA 4 PERSONAS

- 200 GRAMOS DE ARROZ DE GRANO LARGO
- 400 GRAMOS DE CARNE DE CERDO AHUMADA
- 200 GRAMOS DE PIÑA EN CONSERVA
- 1 LECHUGA
- 100 GRAMOS DE PEPINILLOS
- 2 CUCHARADAS SOPERAS DE ACEITE DE OLIVA
- 1 CUCHARADA SOPERA DE MOSTAZA
- 1 CUCHARADITA DE ZUMO DE LIMÓN

Poner 1 litro de agua con una cucharadita de sal, en una cazuela, al fuego.

Cuando esté hirviendo, echar el arroz, remover y cocer a fuego medio de 12 a 15 minutos.

Probar unos granos de arroz para verificar el punto de cocción.

Pasar a un colador, poner bajo el grifo de agua fría, enjuagar rápidamente, escurrir y ponerlo en una ensaladera de cristal.

Removerlo con un tenedor para que no se apelmace.

Cortar a cuadritos la carne de cerdo y la piña.

Lavar y trocear la lechuga.

Partir los pepinillos en rajitas finas.

Mezclar todos estos ingredientes con el arroz.

Batir el aceite con la mostaza y el limón. Aderezar con esto la ensalada.

ENSALADA DE ARROZ VARIADA

INGREDIENTES:

PARA 4 PERSONAS

200 GRAMOS DE ARROZ DE GRANO LARGO
80 GRAMOS DE SALCHICHÓN
80 GRAMOS DE MORTADELA
80 GRAMOS DE JAMÓN COCIDO
80 GRAMOS DE QUESO TIERNO
100 GRAMOS DE GUISANTES COCIDOS
1 ZANAHORIA COCIDA
1 RAMITA DE ALBAHACA FRESCA
ACEITE DE OLIVA, ZUMO DE LIMÓN

Poner 1 litro de agua con una cucharadita de sal en una cazuela al fuego.

Cuando esté hirviendo echar el arroz, remover y cocer a fuego medio de 12 a 15 minutos.

Probar unos granos de arroz para verificar el punto de cocción.

Pasar a un colador, poner bajo el grifo de agua fría, enjuagar rápidamente, escurrir y ponerlo en una ensaladera de cristal.

Removerlo con un tenedor para que no se apelmace.

Partir el salchichón, la mortadela, el jamón cocido y el queso en trozos pequeños.

Cortar la zanahoria en rodajas finas.

Poner todos estos ingredientes en la ensaladera con el arroz, añadir los guisantes, aderezar con el aceite y el zumo de limón y espolvorear con la ramita dc albahaca fresca finamente troceada.

ENSALADA DE ARROZ CON ENDIVIAS Y AGUACATES

INGREDIENTES:

PARA 4 PERSONAS

- 200 GRAMOS DE ARROZ DE GRANO LARGO
- 12 ESPÁRRAGOS VERDES COCIDOS
- 2 ENDIVIAS
- 1 AGUACATE

PARA LA SALSA ROSA:

- 1 VASO DE MAYONESA
- 2 CUCHARADAS DE MOSTAZA
- 4 CUCHARADAS DE CATSUP

Poner 1 litro de agua con una cucharadita de sal, en una cazuela al fuego.

Cuando esté hirviendo, echar el arroz, remover y cocer a fuego medio de 12 a 15 minutos.

Probar unos granos para verificar el punto de cocción.

Pasar a un colador, poner bajo el grifo de agua fría, enjuagar rápidamente, escurrir y ponerlo en una ensaladera de cristal. Removerlo con un tenedor para que no se apelmace.

Preparar una salsa rosa mezclando en la batidora la mayonesa, la mostaza y el catsup.

Limpiar y trocear las endivias.

Pelar y trocear el aguacate. Trocear los espárragos.

Mezclar con el arroz, las endivias, aguacate y espárragos.

Servir la salsa rosa en salsera aparte.

ENSALADA DE ARROZ CON GAMBAS Y FRESONES

INGREDIENTES:

PARA 4 PERSONAS

200 GRAMOS DE ARROZ DE GRANO LARGO
100 GRAMOS DE GAMBAS COCIDAS
250 GRAMOS DE FRESONES
2 COGOLLOS DE LECHUGA

PARA LA SALSA:

100 GRAMOS DE QUESO DE CABRALES
150 GRAMOS DE NATA LÍQUIDA
1/2 COPITA DE VINO BLANCO

Poner 1 litro de agua con una cucharadita de sal, en una cazuela al fuego.

Cuando esté hirviendo, echar el arroz, remover y cocer a fuego medio de 12 a 15 minutos.

Probar unos granos para verificar el punto de cocción.

Pasar a un colador, poner bajo el grifo de agua fría, enjuagar rápidamente, escurrir y ponerlo en una ensaladera de cristal. Removerlo con un tenedor para que no se apelmace.

Pelar las gambas.

Lavar los fresones, escurrirlos, quitar los rabillos y cortarlos en lonchitas.

Lavar, escurrir y trocear la lechuga.

Preparar una salsa con el queso de Cabrales, la nata líquida y el vino blanco, batiendo juntos estos ingredientes.

Mezclar con el arroz, las gambas y la lechuga. Poner por encima los fresones adornando.

ENSALADA DE ARROZ CON PALMITOS Y SALMÓN AHUMADO

INGREDIENTES:

PARA 4 PERSONAS

- 200 GRAMOS DE ARROZ DE GRANO LARGO
- 8 PALMITOS
- 8 LONCHAS DE SALMÓN AHUMADO
- 1 AGUACATE
- 1 LECHUGA
- 1 HUEVO COCIDO
- 3 CUCHARADAS DE ACEITE DE OLIVA
- 1 CUCHARADITA DE ZUMO DE LIMÓN
- UNAS RAMITOS DE PEREJIL Y SAL

Poner 1 litro de agua con una cucharadita de sal, en una cazuela al fuego.

Cuando esté hirviendo, echar el arroz, remover y cocer a fuego medio de 12 a 15 minutos.

Probar unos granos para verificar el punto de cocción.

Pasar a un colador, poner bajo el grifo de agua fría, enjuagar rápidamente, escurrir y ponerlo en una ensaladera de cristal. Removerlo con un tenedor para que no se apelmace.

Cortar los palmitos a lo largo

Cortar en tiras finas las lonchas de salmón ahumado.

Lavar, escurrir y trocear la lechuga.

Cortar en rodajas el huevo cocido.

Sacar la pulpa del aguacate, triturarla y añadir el aceite como para hacer una mayonesa. Incorporar el zumo de limón y sal.

Mezclar el salmón, la lechuga y la salsa de aguacate con el arroz, colocando por encima los trozos de palmito y las rodajas de huevo cocido.

Espolvorear con el perejil picado.

ENSALADA DE ARROZ CON PIÑONES

INGREDIENTES:

PARA 4 PERSONAS

- 200 GRAMOS DE ARROZ DE GRANO LARGO
- 2 CUCHARADAS SOPERAS DE PIÑONES
- 1 LATA PEQUEÑA DE CHAMPIÑONES
- 3 TOMATES MADUROS Y FIRMES

PARA LA SALSA:

- 5 CUCHARADAS SOPERAS DE ACEITE DE OLIVA
- 2 CUCHARADAS SOPERAS DE VINAGRE
- 1 CEBOLLA PEQUEÑA
- 1 PIMIENTO ROJO
- 1 PIMIENTO VERDE
- SAL, UNA PIZCA DE PIMIENTA MOLIDA
- UNAS RAMITAS DE PEREJIL

Poner 1 litro de agua con una cucharadita de sal, en una cazuela al fuego.

Cuando esté hirviendo, echar el arroz, remover y cocer a fuego medio de 12 a 15 minutos.

Probar unos granos para verificar el punto de cocción.

Pasar a un colador, poner bajo el grifo de agua fría, enjuagar rápidamente, escurrir y ponerlo en una ensaladera de cristal. Removerlo con un tenedor para que no se apelmace.

Preparar la salsa con los ingredientes citados, cortando la cebolla y los pimientos en trozos muy pequeños. Mezclar con el arroz.

Lavar y partir los tomates en gajos.

Trocear los champiñones.

Mezclar con el arroz, incorporar los piñones y espolvorear con el perejil cortado fino.

ENSALADA DE ARROZ CON POLLO

INGREDIENTES:

PARA 4 PERSONAS

- 200 GRAMOS DE ARROZ DE GRANO LARGO
- 1 PECHUGA DE POLLO
- 3 ZANAHORIAS MEDIANAS
- 1 LECHUGA
- 3 TOMATES MADUROS Y FIRMES

PARA LA SALSA:

- 1/2 YOGUR
- 3 CUCHARADAS SOPERAS DE MAYONESA
- EL ZUMO DE 1/2 LIMÓN
- SAL, UNA PIZCA DE PIMIENTA MOLIDA
- UNAS RAMITAS DE PEREJIL

Poner 1 litro de agua con una cucharadita de sal, en una cazuela al fuego.

Cuando esté hirviendo, echar el arroz, remover y cocer a fuego medio de 12 a 15 minutos.

Probar unos granos de arroz para verificar el punto de cocción.

Pasar a un colador, poner bajo el grifo de agua fría, enjuagar rápidamente, escurrir y ponerlo en una ensaladera de cristal. Removerlo con un tenedor para que no se apelmace.

Freír la pechuga de pollo y cortarla en trocitos.

Lavar y raspar las zanahorias; cortarlas en juliana muy fina (con un rallador).

Lavar y trocear el cogollo de la lechuga.

Lavar y cortar los tomates en trozos pequeños.

Poner estos ingredientes en la ensaladera con el arroz.

Preparar la salsa con el yogur, la mayonesa, el zumo de limón, sal y pimienta. Mezclar con el arroz v los demás ingredientes. Espolvorear con el perejil cortado muy fino.

ENSALADA DE ARROZ CON POLLO Y PIÑONES

INGREDIENTES:

PARA 4 PERSONAS

- 200 GRAMOS DE ARROZ DE GRANO LARGO
- 2 PECHUGAS DE POLLO ASADAS O FRITAS
- 2 PIMIENTOS ROJOS ASADOS
- 2 TOMATES MADUROS Y FIRMES
- 200 GRAMOS DE MAÍZ COCIDO
- 2 COGOLLOS DE ENDIVIAS O LECHUGAS
- 50 GRAMOS DE PASAS DE CORINTO (SIN SEMILLAS)
- 50 GRAMOS DE PIÑONES
- 1 VASO DE MAYONESA

Poner a remojo las pasas con agua templada.

Poner un litro de agua, con una cucharadita de sal, en una cazuela al fuego.

Cuando esté hirviendo, echar el arroz, remover y cocer a fuego medio de 12 a 15 minutos.

Probar unos granos de arroz para verificar el punto de cocción.

Pasar a un colador, poner bajo el grifo de agua fría, enjuagar rápidamente, escurrir y ponerlo en una ensaladera de cristal. Removerlo con un tenedor para que no se apelmace.

Trocear finamente las pechugas de pollo asadas o fritas.

Cortar en tiras los pimientos asados.

Lavar y trocear los tomates y los cogollos de endivias o lechugas.

Mezclar todos estos ingredientes con el arroz; añadir el maíz, los piñones y las pasas, previamente escurridas.

Incorporar la mayonesa y mezclar nuevamente.

ENSALADA DE ARROZ CON RAPE Y GAMBAS

INGREDIENTES:

PARA 4 PERSONAS

200	GRAMOS DE ARROZ DE GRANO LARGO
250	GRAMOS DE RAPE
100	GRAMOS DE GAMBAS COCIDAS
2	PIMIENTOS ROJOS ASADOS
2	TOMATES MADUROS Y FIRMES
100	GRAMOS DE ACEITUNAS SIN HUESO
50	GRAMOS DE ALCAPARRAS PEQUEÑAS
1	COGOLLO DE LECHUGA
2	RAMITAS DE ALBAHACA FRESCA
1	TAZÓN DE MAYONESA

Poner 1 litro de agua, con una cucharadita de sal, en una cazuela al fuego.

Cuando esté hirviendo, echar el arroz y el rape, remover y cocer a fuego medio de 12 a 15 minutos.

Probar unos granos de arroz para verificar el punto de cocción.

Sacar el rape. Reservarlo.

Pasar el arroz a un colador, poner bajo el grifo de agua fría, enjuagar rápidamente, escurrir y ponerlo en una ensaladera de cristal.

Removerlo con un tenedor para que no se apelmace.

Trocear menudo el rape y pelar las gambas.

Cortar los pimientos a tiras.

Lavar los tomates y la lechuga, escurrir, trocear y espolvorearlos con sal y la albahaca cortada muy fina.

Mezclar todos estos ingredientes con el arroz, las aceitunas y las alcaparras.

Servir, en salsera aparte, la mayonesa.

ENSALADA DE ARROZ CON SALSA ROSA

INGREDIENTES:

PARA 4 PERSONAS

- 200 GRAMOS DE ARROZ DE GRANO LARGO
- 250 GRAMOS DE GAMBAS COCIDAS
- 1 LATA PEQUEÑA DE GUISANTES
- 100 GRAMOS DE PEPINILLOS
- 2 TOMATES DE ENSALADA
- 2 HUEVOS

PARA LA SALSA:

- 1 VASO DE MAYONESA
- 2 CUCHARADAS DE MOSTAZA
- 4 CUCHARADAS DE CATSUP
- 2 HUEVOS

Poner un litro de agua, con una cucharadita de sal, en una cazuela al fuego.

Cuando esté hirviendo, echar el arroz, remover y cocer a fuego medio de 12 a 15 minutos.

Probar unos granos de arroz para verificar el punto de cocción.

Pasar a un colador, poner bajo el grifo de agua fría, enjuagar rápidamente, escurrir y ponerlo en una ensaladera de cristal. Removerlo con un tenedor para que no se apelmace.

Preparar una salsa rosa mezclando en la batidora la mayonesa, la mostaza y el catsup.

Cocer los huevos.

Trocear los tomates y cortar en rodajas los pepinillos. Mezclarlos con el arroz. Añadir los guisantes y las gambas cocidas.

Agregar la salsa rosa, mezclar y poner por encima los huevos picados.

Arroces de otros países

Arroces de otros países

Para conseguir en su punto estos arroces, hay que cuidar especialmente la cocción y la proporción de ingredientes y condimentos, como las especias, que les dan ese «toque» distinto y exótico.

Los arroces al estilo oriental, admiten otras formas de cocción que suelen ser al vapor o con muy poca agua (remojándolo previamente).

ARROZ BLANCO CON AGUACATE

INGREDIENTES:

PARA 4 PERSONAS

400	GRAMOS DE ARROZ DE GRANO LARGO
	AGUA, SAL
1	AGUACATE GRANDE
100	GRAMOS DE GUISANTES COCIDOS
2	CUCHARADAS SOPERAS DE ACEITE DE OLIVA
	UNAS RAMITAS DE PEREJIL
1/2	CUCHARADITA DE PIMENTÓN PICANTE
	EL ZUMO DE MEDIO LIMÓN

PARA LA SALSA DE TOMATE:

1	KILO DE TOMATES DUROS
1	CEBOLLA MEDIANA
3	DIENTES DE AJO
1	CUCHARADITA DE AZÚCAR
2	DECILITROS DE ACEITE DE OLIVA (2 TACITAS)
	SAL

Preparar el arroz según la RECETA BÁSICA DEL ARROZ BLANCO.

Preparar la salsa de tomate del siguiente modo:

En una sartén amplia calentar el aceite y freír en él los dientes de ajo troceados y la cebolla picada fina; cuando empiece a dorarse, poner los tomates pelados y triturados.

Freír a fuego lento durante 45 minutos removimiendo de vez en cuando. Pasar por un colador fino. Añadir un poco de sal y una cucharadita de azúcar; reservar en un cazo.

Poner en una sartén dos cucharadas soperas de aceite. Cuando esté tibio, agregar la media cucharadita de pimentón picante, echar rápidamente el arroz cocido y los guisantes. Mezclar bien.

Pasarlo a una fuente redonda y colocar, por encima y alrededor el aguacate cortado en rajas y rociado con zumo de limón.

Espolvorear con el perejil cortado fino.

Calentar la salsa de tomate y servir en salsera aparte.

ARROZ A LA CUBANA

INGREDIENTES:

PARA 4 PERSONAS

400	GRAMOS DE ARROZ DE GRANO LARGO
	AGUA, SAL
4	HUEVOS
4	PLÁTANOS
1/4	DE LITRO DE ACEITE DE OLIVA (PARA FREÍR LOS HUEVOS)
1	TAZÓN DE SALSA DE TOMATE

Preparar el arroz según la RECETA BÁSICA DEL ARROZ BLANCO.

En una sartén, calentar dos cucharadas de aceite y rehogar el arroz, ya cocido, durante unos minutos.

Ponerlo en unos moldes individuales o en un molde de corona.

Calentar el aceite en una sartén, freír los huevos uno a uno y reservar.

En ese mismo aceite, freír los plátanos, pelados y partidos por la mitad a lo largo.

Desmoldar el arroz en una fuente y poner alrededor los huevos fritos y los medios plátanos.

Servir en salsera aparte la salsa de tomate caliente.

ARROZ HINDÚ

INGREDIENTES:

PARA 4 PERSONAS

400	GRAMOS DE ARROZ DE GRANO LARGO
	AGUA, SAL
1	DECILITRO DE ACEITE DE OLIVA (1 TACITA)
1/2	CEBOLLA
1	DIENTE DE AJO
	UNA PIZCA DE CLAVO DE ESPECIA MOLIDO
1/2	CUCHARADITA DE CANELA MOLIDA
100	GRAMOS DE PASAS SULTANAS (SIN SEMILLAS)
50	GRAMOS DE ALMENDRAS SIN PIEL

Poner en remojo las pasas con agua tibia.

Preparar el arroz según la RECETA BÁSICA DEL ARROZ BLANCO.

Pelar y picar la cebolla y el diente de ajo.

Calentar el aceite en una sartén, al fuego, freír ligeramente las almendras y sacarlas, reservándolas.

En ese aceite, freír la cebolla y el diente de ajo. Cuando empiecen a dorarse, añadir el arroz cocido y, a fuego lento, rehogarlo 3 o 4 minutos, agregándole al mismo tiempo la media cucharadita de canela, la pizca de clavo molido, las pasas, previamente escurridas, y las almendras fritas.

Mezclar bien y retirar del fuego.

Este arroz puede servir también como guarnición.

ARROZ ÁRABE «MAKLUBEH» CON SALSA DE YOGUR

INGREDIENTES:

PARA 4 PERSONAS

- 400 GRAMOS DE ARROZ DE GRANO LARGO
- 2 BERENJENAS GRANDES
- 1/4 KILO DE CARNE DE CORDERO PICADA
- 100 GRAMOS DE ALMENDRAS
- 50 GRAMOS DE PIÑONES
- 4 CUCHARADAS SOPERAS DE ACEITE DE OLIVA
- ACEITE DE OLIVA PARA FREÍR LAS BERENJENAS
- SAL
- 1 LITRO DE AGUA

PARA LA SALSA:

- 2 BERENJENAS GRANDES
- 2 DIENTES DE AJO
- EL ZUMO DE 2 LIMONES
- 2 CUCHARADAS SOPERAS DE «TAHINA» (PASTA DE SÉSAMO)
- 1 YOGUR NATURAL
- SAL Y PIMIENTA

Poner el arroz a remojo con agua fría que lo cubra durante 2 horas.

Pelar las berenjenas, cortarlas en rodajas a lo largo, ponerles sal y dejarlas reposar 30 minutos.

Secarlas y freírlas en aceite abundante y caliente. Escurrirlas sobre papel celulosa.

Poner las berenjenas fritas en una cacerola con 1 litro de agua, al fuego. Cuando rompa a hervir, retirar del fuego, sacarlas, pasarlas a un colador y escurrirlas, guardando el agua.

Escurrir el arroz sobre un colador.

Poner las dos cucharadas de aceite en una cazuela, añadir el agua donde cocieron las berenjenas y cuando hierva incorporar el arroz escurrido.

Remover, tapar y cocer a fuego lento 10 minutos. Bajar el fuego al mínimo, poner un difusor si es necesario y mantenerlo así 5 minutos. Apartarlo del fuego y destapar.

Calentar en una sartén 2 cucharadas de aceite y freír los piñones y las almendras, a fuego lento, moviéndolos para que no se quemen. Sacar y freír la carne.

Untar ligeramente un molde con un poco de aceite, poner una capa de piñones y almendras, otra de carne picada frita, otra de berenjena y por último el arroz. Apretar ligeramente y desmoldar. Servir con salsa de yogur.

Preparación de la salsa

Asar las berenjenas, envueltas en papel de aluminio, sobre la llama del fuego.

Pelarlas, recoger la pulpa y machacarla en el mortero.

Picar los dientes de ajo muy finos, echar el zumo de los limones y mezclar con la pulpa de las berenjenas. Incorporar el yogur natural. Poner un poco de sal y una pizca de pimienta.

Añadir 2 cucharadas de «Tahina» y servir acompañando al arroz.

Esta salsa puede también servirse con platos de carne o de pescado.

ARROZ MARCO POLO

INGREDIENTES:

PARA 4 PERSONAS

200	GRAMOS DE ARROZ DE GRANO LARGO
	AGUA, SAL
100	GRAMOS DE CHAMPIÑONES EN CONSERVA
100	GRAMOS DE GUISANTES COCIDOS
100	GRAMOS DE BROTES DE SOJA
100	GRAMOS DE GAMBAS COCIDAS
100	GRAMOS DE JAMÓN COCIDO
1	CEBOLLA
4	CUCHARADAS SOPERAS DE ACEITE DE OLIVA
2	HUEVOS
1	CUCHARADA SOPERA DE SALSA DE SOYA
	SAL, PIMIENTA

Preparar el arroz según la RECETA BÁSICA DEL ARROZ BLANCO.

Pelar y picar la cebolla. Trocear los champiñones. Partir el jamón en tiras finas. Pelar las gambas cocidas.

Calentar el aceite, a fuego medio, en una sartén grande. Freír la cebolla, añadir las gambas, luego los brotes de soja y por último los champiñones y los guisantes. Rehogar 5 minutos.

Batir los huevos con una pizca de sal y de pimienta; añadir una cucharada de salsa de Soya y hacer con esto una tortilla cuajada. Cortarla en tiras finas y unirla a lo anterior.

Agregar finalmente el arroz cocido y el jamón troceado. Mezclar bien con el resto de los ingredientes y servir.

ARROZ ORIENTAL

INGREDIENTES:

PARA 4 PERSONAS

200	GRAMOS DE ARROZ DE GRANO LARGO
	AGUA, SAL
3	HUEVOS
100	GRAMOS DE GAMBAS COCIDAS
100	GRAMOS DE POLLO COCIDO
1	CEBOLLA MEDIANA
1	DIENTE DE AJO
5	CUCHARADAS SOPERAS DE ACEITE DE OLIVA
2	CUCHARADAS SOPERAS DE SALSA DE SOYA
	EL ZUMO DE MEDIO LIMÓN
1	CUCHARADITA DE AZÚCAR
	UNA PIZCA DE PIMENTÓN PICANTE
2	TOMATES MADUROS Y FIRMES

Preparar el arroz según la RECETA BÁSICA DEL ARROZ BLANCO.

Pelar y picar la cebolla y el ajo.

Pelar las gambas cocidas.

Trocear el pollo.

Batir los huevos y (en una sartén con una pizca de aceite) hacer una tortilla muy cuajada. Cortarla a tiras finas.

En una sartén honda, poner 4 cucharadas soperas de aceite; cuando esté caliente, freír la cebolla y el ajo picados. Cuando empiecen a dorarse, añadir las gambas peladas y el pollo troceado.

Rehogar, añadir el pimentón picante, la salsa de Soya, el zumo de limón y el azúcar. Mantener al fuego 2 o 3 minutos.

En una sartén aparte, calentar una cucharada sopera de aceite, echar el arroz cocido, darle unas vueltas y añadir las tiras de tortilla. Mezclar bien, pasarlo a una fuente, dejando un hueco en el centro, y poner en él el conjunto de gambas, pollo y sofrito.

Pelar y partir en daditos los tomates aderezándolos con aceite y sal. Ponerlos alrededor del arroz y servir.

ARROZ TRES DELICIAS

INGREDIENTES:

PARA 4 PERSONAS

200	GRAMOS DE ARROZ DE GRANO LARGO
	AGUA, SAL
100	GRAMOS DE GAMBAS COCIDAS
100	GRAMOS DE JAMÓN YORK
1	FILETE DE PECHUGA DE POLLO (150-200 G)
2	HUEVOS
50	GRAMOS DE GUISANTES COCIDOS
1	CEBOLLETA
4	CUCHARADAS SOPERAS DE ACEITE DE OLIVA
	SAL, PIMIENTA
	SALSA DE SOYA

Preparar el arroz según la RECETA BÁSICA DEL ARROZ BLANCO.

Freír la pechuga y cortarla en trozos pequeños.

Pelar las gambas cocidas. Partir el jamón en tiras finas. Picar la cebolleta, incluida la parte verde.

Calentar en una sartén el aceite, saltear la cebolleta, luego las gambas, el pollo y el jamón de York. Añadir un poco de sal y una pizca de pimienta molida.

Echar los huevos batidos, dejar que se cuajen, revolver.

Agregar el arroz cocido, añadir los guisantes, mezclar bien y servir con la salsa de Soya aparte.

RISOTTO SENCILLO

INGREDIENTES:

PARA 4 PERSONAS

200	GRAMOS DE ARROZ DE GRANO MEDIO
1	CEBOLLA GRANDE
1	VASITO DE VINO BLANCO SECO
50	GRAMOS DE MANTEQUILLA
1	LITRO DE CALDO DE POLLO CONCENTRADO
	UNA PIZCA DE AZAFRÁN
25	GRAMOS DE QUESO PARMESANO RALLADO

Picar la cebolla. Calentar el caldo con la pizca de azafrán.

Fundir 50 gramos de mantequilla a fuego lento en una cazuela amplia.

Echar la cebolla, dejar que se dore y entonces incorporar y rehogar el arroz. Añadir el vino, revolver y esperar a que el arroz lo absorba.

Añadir la mitad del caldo muy caliente, remover de vez en cuando para que lo vaya absorbiendo. Ir añadiendo poco a poco el resto del caldo hasta que esté cocido el arroz (tardará entre 20 y 25 minutos aproximadamente).

Retirar del fuego.

Espolvorear con el queso rallado, dejar reposar 5 minutos y servir de inmediato.

El arroz integral

El arroz integral

La notable diferencia en el sistema de preparación de este arroz viene dada por sus especiales características.

Los granos, por la capa de salvado que conservan, ofrecen más resistencia a la penetración del agua.

Por este motivo, para conseguir una buena cocción, hay que ponerlo en el recipiente con agua fría, encender el fuego e ir aumentando la intensidad de calor para, después de los primeros 5 minutos de hervor fuerte, continuar muy lentamente y tapado el resto del tiempo de cocción.

Como su sabor natural es más pronunciado, hay que ponerle poca sal.

Las proporciones de este arroz por persona son menores porque satisface bastante más que los arroces blancos.

RECETA BÁSICA DEL ARROZ INTEGRAL

INGREDIENTES:

PARA 4 PERSONAS

- 325 GRAMOS DE ARROZ INTEGRAL
- 1 LITRO DE AGUA (SE PUEDE SUSTITUIR POR CALDO VEGETAL EN ALGUNAS RECETAS)
- UNA PIZCA DE SAL MARINA
- 1 HOJA DE LAUREL
- 1 DIENTE DE AJO (FACULTATIVO)
- UN CHORRITO DE ACEITE DE OLIVA VIRGEN

Limpiar el arroz eliminando los restos de cascarilla y algún grano defectuoso y lavarlo con rapidez.

Poner el arroz en un recipiente con el litro de agua fría, la pizca de sal y la hoja de laurel (y el ajo si se quiere). Añadir un chorrito de aceite de oliva virgen, tapar y poner al fuego.

Cuando rompa a hervir, mantenerlo tapado, a fuego vivo, durante 5 minutos.

Disminuir la intensidad del fuego al mínimo, poniendo un difusor si es necesario, y continuar cociendo TAPADO durante 40 minutos.

Retirar del fuego y dejar reposar TAPADO 10 minutos.

En olla exprés se prepara del mismo modo, variando la proporción de agua: 352 gramos de arroz - 4 vasos de agua.

Y variando también el tiempo de cocción a fuego lento, que será 30 minutos.

Retirar del fuego y dejar reposar TAPADO 10 minutos.

CALDO VEGETAL (BASE PARA DISTINTAS RECETAS)

1	CUCHARADA SOPERA DE ACEITE DE OLIVA VIRGEN
1	CEBOLLA
2	ZANAHORIAS
1	PUERRO GRUESO
150	GRAMOS DE ACELGAS
100	GRAMOS DE HOJAS DE COL
150	GRAMOS DE APIO
3	LITROS DE AGUA
1	CUCHARADITA DE SAL MARINA
1	CUCHARADA SOPERA DE HIERBAS AROMÁTICAS FRESCAS O SECAS (SALVIA, ALBAHACA, MEJORANA, PEREJIL)
1/2	HOJA DE LAUREL

Lavar y trocear las verduras. Lavar la cebolla y sin pelarla, partirla en cuatro trozos.

Calentar el aceite en una cazuela al fuego y rehogar la cebolla.

Añadir las verduras, rehogar a fuego lento 5 minutos.

Agregar 1/2 litro de agua fría y cocer tapado, a fuego suave, durante 15 minutos.

Añadir los $2^1/_2$ litros de agua restantes, las hierbas aromáticas y la sal. Cocer 1 hora a fuego medio.

Colar y utilizar según las distintas recetas.

ARROZ INTEGRAL CON AJO

INGREDIENTES:

PARA 4 PERSONAS

- 325 GRAMOS DE ARROZ INTEGRAL
- 1 LITRO DE CALDO VEGETAL (RECETA BASE)
- 10 DIENTES DE AJO
- 2 CUCHARADAS DE ACEITE DE OLIVA VIRGEN
- 1 CUCHARADITA DE MEJORANA O DE ORÉGANO
- 1 CUCHARADITA DE ALBAHACA
- UNA PIZCA DE SAL MARINA

Cocer el arroz con el caldo vegetal según la RECETA BÁSICA DEL ARROZ INTEGRAL, añadiéndole 6 dientes de ajo enteros.

Pelar y picar 4 dientes de ajo.

Calentar el aceite en una sartén, freír los ajos picados, añadir el arroz cocido, rehogar unos minutos, retirando al mismo tiempo los ajos enteros. Añadir una pizca de sal.

Pasar a una fuente y espolvorear con el orégano y la albahaca.

ARROZ INTEGRAL CON ALUBIAS

INGREDIENTES:

PARA 4 PERSONAS

250	GRAMOS DE ALUBIAS SECAS
200	GRAMOS DE ARROZ INTEGRAL
1	DECILITRO DE ACEITE DE OLIVA (1 TACITA)
3	RAMITAS DE ROMERO FRESCO
	UNA PIZCA DE SAL
2	LITROS DE AGUA

Poner en remojo las alubias con agua fría la víspera.

Al día siguiente ponerlas a cocer con 2 litros de agua fría a fuego lento.

Calentar el aceite en un cazo, poner las ramitas de romero, retirarlo del fuego, taparlo y dejarlo así 10 minutos.

Quitar las ramitas de romero y verter el aceite sobre las alubias.

Lavar y escurrir el arroz integral con rapidez. Ponerlo a cocer con 1/2 litro de agua según la RECETA BÁSICA DEL ARROZ INTEGRAL. A los 20 minutos echarlo sobre las alubias y cocer 25 minutos más. Retirar del fuego y dejar reposar 10 minutos.

ARROZ INTEGRAL CON ANCHOAS

INGREDIENTES:

PARA 4 PERSONAS

325	GRAMOS DE ARROZ INTEGRAL
1	LITRO DE CALDO VEGETAL (RECETA BASE)
1	LATA PEQUEÑA DE ANCHOAS
25	GRAMOS DE QUESO RALLADO
2	HUEVOS
4	RAMITAS DE PEREJIL

Cocer el arroz con el caldo vegetal, según la RECETA BÁSICA DEL ARROZ INTEGRAL.

Cocer los huevos y picarlos finos.

Partir en trocitos las anchoas.

Picar el perejil.

Mezclar el arroz cocido con los huevos, las anchoas, y el queso rallado. Pasar a una fuente y espolvorear con el perejil.

ARROZ INTEGRAL CON BERROS

INGREDIENTES:

PARA 4 PERSONAS

325	GRAMOS DE ARROZ INTEGRAL
1	LITRO DE CALDO VEGETAL (RECETA BASE)
2	MANOJOS DE BERROS
1	CEBOLLA PEQUEÑA
2	CUCHARADAS DE ACEITE DE OLIVA VIRGEN
3	CUCHARADAS DE QUESO RALLADO PARMESANO

Cocer el arroz con el caldo vegetal, según la RECETA BÁSICA DEL ARROZ INTEGRAL.

Limpiar y lavar los berros, quitarles los tallos, escurrirlos.

Pelar y picar la cebolla.

Calentar el aceite en una sartén, al fuego, dorar la cebolla, añadir los berros y rehogarlos a fuego lento unos minutos.

Agregar el arroz cocido, mezclar y pasar a una fuente.

Espolvorear con el queso rallado y servir.

ARROZ INTEGRAL CON MANZANAS Y CHAMPIÑÓN

INGREDIENTES:

PARA 4 PERSONAS

325 GRAMOS DE ARROZ INTEGRAL

2 MANZANAS GRUESAS

1 LATA DE CHAMPIÑÓN EN CONSERVA

1 LITRO DE CALDO VEGETAL (RECETA BASE)

UNA PIZCA DE SAL MARINA

1 CUCHARADA DE ACEITE DE OLIVA VIRGEN

Cocer el arroz con el caldo vegetal, según la RECETA BÁSICA DEL ARROZ INTEGRAL.

Trocear los champiñones. Pelar y trocear a cuadritos las manzanas.

Calentar el aceite, en una sartén, al fuego. Rehogar los champiñones, agregar las manzanas, luego el arroz cocido, poner una pizca de sal, mezclar bien y servir.

ARROZ INTEGRAL CON VERDURAS

INGREDIENTES:

PARA 4 PERSONAS

325	GRAMOS DE ARROZ INTEGRAL
1	LITRO DE AGUA
	LAUREL, AJO Y SAL MARINA
	ACEITE DE OLIVA VIRGEN
2	ZANAHORIAS
250	GRAMOS DE JUDÍAS VERDES
250	GRAMOS DE GUISANTES DESGRANADOS
2	CALABACINES PEQUEÑOS
2	HOJAS DE APIO

Lavar y despuntar las judías verdes. Raspar y trocear finas las zanahorias. Lavar y trocear, sin pelar, los calabacines.

Cocer las verduras troceadas con el litro de agua y una pizca de sal marina. Escurrirlas y reservarlas.

Cocer el arroz con este caldo vegetal, según la RECETA BÁSICA DEL ARROZ INTEGRAL. Añadir el ajo y el laurel a la cocción.

Mezclar el arroz cocido con las verduras cocidas, aderezar con aceite de oliva virgen y espolvorear con las hojas de apio finamente troceadas.

CREMA DE ARROZ

INGREDIENTES:

PARA 4 PERSONAS

3 CUCHARADAS SOPERAS DE HARINA (80 G) DE ARROZ INTEGRAL
1 CUCHARADA SOPERA DE HARINA
1 DECILITRO DE LECHE
2 LITROS DE CALDO VEGETAL (RECETA BÁSICA)
1 PUERRO O UNA CEBOLLETA
3 CUCHARADAS SOPERAS DE NATA LÍQUIDA
1 CUCHARADA SOPERA DE ACEITE DE OLIVA
UNA PIZCA DE SAL

Picar muy fino el puerro o cebolleta.

Mezclar en frío la harina de arroz y la harina con el caldo vegetal y la leche. Añadir la sal.

Ponerlo en una cacerola a fuego lento, remover y cocer 30 minutos.

Pasar la crema a una sopera, añadir el aceite de oliva y la nata líquida. Agregar el puerro o cebolleta picada y servir.

ENSALADA DE ARROZ INTEGRAL

INGREDIENTES:

PARA 4 PERSONAS

200	GRAMOS DE ARROZ INTEGRAL
1	LITRO DE AGUA
	UNA PIZCA DE SAL
3	CUCHARADAS SOPERAS DE ACEITE DE OLIVA
1	CUCHARADA SOPERA DE ZUMO DE LIMÓN
2	TOMATES
3	PEPINILLOS
1	CUCHARADA SOPERA DE ALCAPARRAS
2	RAMITAS DE ALBAHACA FRESCA

Cocer el arroz con el litro de agua y la sal, según la RECETA BÁSICA DEL ARROZ INTEGRAL.

Partir los pepinillos en rodajas. Trocear los tomates.

Cortar finamente la albahaca.

Batir el aceite con el zumo de limón.

Poner el arroz, ya frío, en una ensaladera, añadirle los tomates, pepinillos y alcaparras. Aderezarlo con la mezcla de aceite y zumo de limón y espolvorear con albahaca.

RELLENO DE ARROZ INTEGRAL PARA VERDURAS

INGREDIENTES:

PARA 4 PERSONAS

3	CUCHARADAS SOPERAS DE ARROZ INTEGRAL
1/4	LITRO DE CALDO VEGETAL (RECETA BASE)
1	HUEVO
2	CUCHARADAS SOPERAS DE QUESO RALLADO
4	RAMITAS DE PEREJIL
1	DIENTE DE AJO

Cocer el arroz con el caldo vegetal, según la RECETA BÁSICA DEL ARROZ INTEGRAL.

Cocer el huevo, pelarlo y picarlo.

Picar el perejil y el ajo.

Mezclar estos ingredientes con el arroz y el queso rallado.

HOJAS DE COL RELLENAS

INGREDIENTES:

PARA 4 PERSONAS

- 8 HOJAS DE COL
- 2 LITROS DE AGUA
- UNA PIZCA DE SAL
- 1 CUCHARADA SOPERA DE ACEITE DE OLIVA
- 1 CEBOLLA PEQUEÑA
- 1 LITRO DE CALDO VEGETAL (RECETA BASE)
- 2 CUCHARADAS SOPERAS DE NATA LÍQUIDA
- UNA PIZCA DE NUEZ MOSCADA
- RELLENO DE ARROZ PARA VERDURAS

Hervir las hojas de col durante 5 minutos y extenderlas sobre unos paños de cocina limpios.

Tener preparado el relleno de arroz para verduras (según receta anterior). Encender el horno a temperatura media.

Poner dos hojas de col, una sobre otra y sobre las mismas 2 cucharadas soperas de relleno.

Enrollar y colocar en una fuente de horno.

Rehogar la cebolla en el aceite caliente y repartir por encima.

Verter en la fuente de horno el caldo vegetal, hasta cubrir las hojas. Espolvorear con nuez moscada.

Poner al horno durante 1 hora.

Añadir la nata líquida en el momento de servir.

PIMIENTOS RELLENOS

INGREDIENTES:

PARA 4 PERSONAS

- 4 PIMIENTOS ROJOS GRANDES
- 2 CUCHARADAS SOPERAS DE ACEITE DE OLIVA
- MEDIA CEBOLLA
- 150 GRAMOS DE TOMATES
- 125 GRAMOS DE ARROZ INTEGRAL
- 2 1/2 VASOS DE CALDO VEGETAL (RECETA BASE) - (500 MILILITROS)
- 1 CUCHARADA SOPERA DE QUESO RALLADO
- UN POCO DE SAL

Pelar y picar la cebolla y los tomates.

Lavar los pimientos y cocerlos unos minutos en agua hirviendo.

Sacarlos, escurrirlos y cortarles la parte de arriba (como un casquete).

Cocer el arroz integral con vaso y medio de caldo vegetal (tamaño de agua), según la RECETA BÁSICA DEL ARROZ INTEGRAL.

Calentar el aceite en una sartén y rehogar la cebolla y después los tomates, manteniéndolos a fuego lento 15 minutos.

Añadir el arroz integral cocido y el queso rallado.

Encender el horno a temperatura media.

Rellenar los pimientos con esta mezcla y ponerlos en una fuente de horno. Añadir un vaso de caldo vegetal.

Meterlos en el horno durante 30 minutos y servir.

TOMATES RELLENOS

INGREDIENTES:

PARA 4 PERSONAS

- 4 TOMATES GRANDES MADUROS Y FIRMES
- 4 CUCHARADAS DE ARROZ INTEGRAL, PREVIAMENTE COCIDO
- 1 CUCHARADA SOPERA DE ACEITE DE OLIVA
- 1 DIENTE DE AJO
- 2 RAMITOS DE ALBAHACA
- SAL
- 2 CUCHARADAS SOPERAS DE QUESO RALLADO

Picar el diente de ajo. Trocear finamente la albahaca.

Lavar los tomates y secarlos. Cortarles la parte de arriba, como un casquete, vaciar la pulpa y ponerlos boca abajo sobre papel celulosa o un paño de cocina limpio.

Encender el horno a temperatura caliente.

Mezclar la pulpa del tomate con el arroz integral cocido, el ajo picado y la albahaca troceada, añadir un poco de sal.

Rellenar los tomates con esta mezcla, colocarlos en una fuente de horno, espolvorear con el queso rallado y meter al horno durante 30 minutos y servir.

PASTEL DE CALABACINES CON ARROZ INTEGRAL

INGREDIENTES:

PARA 4 PERSONAS

100	GRAMOS DE ARROZ INTEGRAL
$1^1/_2$	VASO DE AGUA (300 MILILITROS)
4	CALABACINES MEDIANOS
1	DECILITRO DE ACEITE DE OLIVA (1 TACITA)
1	CEBOLLA
1	DIENTE DE AJO
100	GRAMOS DE QUESO PARMESANO RALLADO
1	CUCHARADA SOPERA DE ACEITE DE OLIVA
	UN POCO DE SAL

Cocer el arroz integral con el vaso y medio de agua según la RECETA BÁSICA DEL ARROZ INTEGRAL.

Lavar y secar los calabacines. Rallarlos sin quitarles la piel. Dejarlos 1/2 hora sobre un colador para que suelten el agua.

Pelar y picar la cebolla y el ajo.

Calentar el aceite en una sartén y freír el ajo y la cebolla, añadir los calabacines escurridos y rehogarlos 15 minutos a fuego lento.

Encender el horno a temperatura caliente.

Mezclar el arroz integral cocido con los calabacines rehogados y la mitad del queso parmesano rallado.

Untar con un poco de aceite una fuente de horno, poner la mezcla de arroz y calabacines y espolvorear con el resto de queso rallado.

Meter en el horno a gratinar y servir.

VERDURAS VARIADAS CON ARROZ INTEGRAL (EN PAELLA)

INGREDIENTES:

PARA 4 PERSONAS

250	GRAMOS DE ALCACHOFAS FRESCAS
100	GRAMOS DE JUDÍAS VERDES
200	GRAMOS DE GUISANTES FRESCOS
100	GRAMOS DE COLIFLOR EN RAMITOS
200	GRAMOS DE «GARROFÓN» FRESCO
100	GRAMOS DE TOMATE
250	GRAMOS DE ARROZ INTEGRAL
3/4	DE LITRO DE CALDO VEGETAL (RECETA BÁSICA)
1	DECILITRO DE ACEITE DE OLIVA (1 TACITA)
1/2	CUCHARADITA DE SAL MARINA
1/2	CUCHARADITA DE PIMENTÓN
	UNA PIZCA DE AZAFRÁN
1	PAELLA DE 45 CENTÍMETROS DE DIÁMETRO

Limpiar las alcachofas de hojas duras, cortar las puntas y partirlas en cuatro trozos, poniéndolas en agua con zumo de limón.

Desgranar los guisantes y el «garrofón».

Despuntar las judías y lavarlas. Enjuagar los ramitos de coliflor. Pelar y picar el tomate.

Enjuagar rápidamente el arroz, escurrirlo y ponerlo en una cazuela con 3/4 de litro de agua fría. Cocerlo tapado a fuego vivo 5 minutos, disminuir la intensidad del fuego al mínimo y cocer 20 minutos.

Mientras tanto, calentar el aceite en una paella al fuego y rehogar las verduras a fuego lento por este orden: alcachofas, judías, «garrofón», coliflor, guisantes y por último el tomate y el pimentón.

Cuando el arroz haya cocido 20 minutos, pasarlo a la

paella con las verduras rehogadas y continuar cociendo a fuego lento durante 20 minutos más, agregando un poco más de caldo vegetal caliente si es necesario.

Retirar del fuego y dejar reposar 10 minutos.

SOPA DE ARROZ INTEGRAL

INGREDIENTES:

PARA 4 PERSONAS

- 4 CUCHARADAS SOPERAS DE ARROZ
- 2 LITROS DE CALDO VEGETAL (RECETA BASE)
- 1 CUCHARADA SOPERA DE ACEITE DE OLIVA VIRGEN
- 1/2 CEBOLLA
- 1 ZANAHORIA PEQUEÑA
- 1/2 PUERRO
- 1 CEBOLLETA
- 3 HOJITAS DE APIO

Pelar y picar la cebolla.

Trocear finamente la zanahoria, el puerro y el apio.

Picar la cebolleta.

Calentar el aceite en una cazuela y rehogar, a fuego lento, la cebolla. Cuando empiece a dorarse, añadir las verduras troceadas y rehogar dos o tres minutos más.

Añadir el caldo vegetal frío y el arroz integral.

Tapar y cocer 5 minutos a fuego vivo, rebajar al mínimo y cocer a fuego lento 40 minutos más.

Wild-rice o arroz silvestre

Wild-rice o arroz silvestre

Así se denomina un cereal, llamado también arroz indio o avena de agua que, en realidad, es la semilla de una planta acuática que crece a orillas de los Grandes Lagos, entre Canadá y los Estados Unidos.

Los indios la recolectan a mano desde sus canoas y, tal vez, este trabajo artesanal y su poca abundancia, motiva que su precio sea muy elevado con respecto al arroz normal.

El grano del «wild-rice» es muy alargado, su color es muy oscuro y tiene un sabor peculiar. Requiere, pues, poca sal.

Se utiliza especialmente como guarnición o relleno y suele mezclarse a veces con arroz blanco cocido.

RECETA BÁSICA DEL WILD-RICE (ARROZ SILVESTRE)

Una medida de arroz silvestre necesita para cocerse:

4	MEDIDAS DE AGUA
	UNA PIZCA DE SAL

FORMA DE PREPARARLO

Lavar el arroz silvestre y escurrirlo en un colador.

Ponerlo en una cazuela de fondo grueso con el agua fría y una pizca de sal. Calentarlo destapado hasta que empiece a hervir.

Tapar y cocer, a fuego muy lento, de 40 a 50 minutos hasta que esté tierno.

A los 30 minutos si ha consumido toda el agua, se le puede añadir un poco más.

Destapar y remover con un tenedor.

Dejar cocer 5 minutos más y retirar del fuego.

Sacar de la cazuela y pasar a una fuente.

«WILD-RICE» CON BACON

INGREDIENTES:

PARA 4 PERSONAS

- 100 GRAMOS DE WILD-RICE
- 2 VASOS DE AGUA (400 MILILITROS)
- UNA PIZCA DE SAL
- 4 LONCHAS DE BACON
- 1/2 CEBOLLA PICADA
- 2 CUCHARADAS SOPERAS DE ACEITE DE OLIVA

Preparar el arroz silvestre según la RECETA BÁSICA DEL «WILD-RICE».

Calentar el aceite en una sartén, al fuego, freír el bacon sacarlo y cortarlo a cuadritos.

En ese aceite dorar la cebolla, añadir el bacon, luego el «wild-rice», mezclar bien y servir como guarnición con platos de verdura.

«WILD-RICE» CON CARNE DE CERDO

INGREDIENTES:

PARA 4 PERSONAS

100	GRAMOS DE «WILD-RICE»
2	VASOS DE AGUA (400 ML)
	UNA PIZCA DE SAL
4	CHULETAS DE CERDO
1	CUCHARADA SOPERA DE ACEITE DE OLIVA
1	CEBOLLA
1	PIMIENTO
1	LATA DE CHAMPIÑÓN (350 GRAMOS)

Preparar el arroz silvestre según la RECETA BÁSICA DEL «WILD-RICE».

Pelar y picar la cebolla. Lavar y trocear el pimiento.

Cortar el champiñón en láminas.

Calentar el aceite en una sartén, al fuego, freír las chuletas, sacarlas y reservarlas al calor.

En ese aceite, freír el pimiento, luego la cebolla. Añadir los champiñones, rehogarlos un momento. Agregar el «wild-rice», mezclar y pasarlo a una fuente con las chuletas.

«WILD-RICE» CON VERDURAS Y JAMÓN

INGREDIENTES:

PARA 4 PERSONAS

100	GRAMOS DE «WILD-RICE»
2	VASOS DE AGUA (400 MILILITROS)
	UNA PIZCA DE SAL
1	PIMIENTO VERDE PEQUEÑO
1	DIENTE DE AJO
4	RAMITAS DE PEREJIL
200	GRAMOS DE JAMÓN DE YORK
1	HUEVO
1/2	DECILITRO DE ACEITE DE OLIVA (1/2 TACITA)
1	PUERRO
1/2	CEBOLLA

Preparar el arroz silvestre según la RECETA BÁSICA DEL «WILD-RICE».

Pelar y picar el ajo y la cebolla.

Lavar y trocear el pimiento. Limpiar y trocear fino el puerro, picar el perejil.

Cortar el jamón de york en tiras finas.

Calentar el aceite en una sartén grande, freír el pimiento, dorar la cebolla y el ajo y añadir luego el puerro. Rehogar estas verduras, a fuego lento, durante 2 o 3 minutos.

Apartar las verduras a un lado de la sartén y echar el huevo batido, revolviendo para que se cuaje.

Agregar el «wild-rice», luego el jamón, mezclar, pasar a una fuente y espolvorear con el perejil picado.

«WILD-RICE» CON POLLO

INGREDIENTES:

PARA 4 PERSONAS

200	GRAMOS DE «WILD-RICE»
4	VASOS DE AGUA (400 MILILITROS)
	UNA PIZCA DE SAL
4	PECHUGAS DE POLLO (400 GRAMOS)
1	CEBOLLA PEQUEÑA
1	LATA DE CHAMPIÑÓN (350 GRAMOS)
100	GRAMOS DE CASTAÑAS SECAS
1/2	DECILITRO DE ACEITE DE OLIVA (1/2 TACITA)

Poner las castañas en remojo con agua fría durante 12 horas.

Preparar el arroz silvestre según la RECETA BÁSICA DEL «WILD-RICE».

Cocer las castañas con 1 litro de agua durante 45 minutos.

Pelar y picar la cebolla. Trocear los champiñones.

Calentar el aceite en una sartén al fuego, freír las pechugas, sacarlas y trocearlas a cuadritos.

En ese aceite, dorar la cebolla, añadir los champiñones y rehogar durante unos minutos.

Agregar las pechugas troceadas, el «wild-rice» y las castañas.

Mezclar bien y servir.

«WILD-RICE» CON GAMBAS

INGREDIENTES:

PARA 4 PERSONAS

200	GRAMOS DE «WILD-RICE»
4	VASOS DE AGUA (400 MILILITROS)
	UNA PIZCA DE SAL
250	GRAMOS DE GAMBAS PELADAS
1	CEBOLLETA
1	LATA PEQUEÑA DE GUISANTES (100 GRAMOS)
4	VASOS DE AGUA (400 MILILITROS)
250	GRAMOS DE BRÓCOLI VERDE
1	VASITO DE VINO BLANCO SECO
1/2	DECILITRO DE ACEITE DE OLIVA (1/2 TACITA)

Preparar el arroz silvestre según la RECETA BÁSICA DEL «WILD-RICE».

Lavar los ramitos de brócoli y cocerlos 8 minutos en agua hirviendo con un poco de sal. Sacarlos, escurrirlos y trocearlos.

Limpiar y picar la cebolleta.

Calentar el aceite en una sartén al fuego, freír las gambas.

Añadir la cebolleta y rehogarla con las gambas. Agregar el vino y cocer 5 minutos. Añadir los guisantes.

Incorporar el brócoli y el «wild-rice», mezclar y servir.

«WILD-RICE» CON ALMENDRAS Y PASAS

INGREDIENTES:

PARA 4 PERSONAS

100	GRAMOS DE «WILD-RICE»
2	VASOS DE AGUA (400 MILILITROS)
	UNA PIZCA DE SAL
100	GRAMOS DE PASAS DE CORINTO
100	GRAMOS DE ALMENDRAS SIN PIEL
1/2	CUCHARADITA DE CANELA MOLIDA
1	CUCHARADA SOPERA DE ACEITE DE OLIVA

Preparar el arroz silvestre según la RECETA BÁSICA DEL «WILD-RICE».

Poner a remojo las pasas con un poco de agua templada.

Picar las almendras.

Calentar el aceite en una sartén al fuego, rehogar el arroz silvestre, añadir las pasas escurridas y las almendras picadas, espolvorear con canela molida. Mezclar bien y servir como guarnición con platos de carne.

Postres de arroz

Postres de arroz

El arroz de grano medio es el más indicado para elaborar los postres porque, debido a la textura del grano, quedan más cremosos.

La cocción ha de ser lenta, el azúcar se incorpora al final y conviene colocar un difusor, entre la llama o zona de calor y el recipiente, para evitar que el arroz se pegue en el fondo.

ARROZ CON LECHE (RECETA BÁSICA)

INGREDIENTES:

PARA 4 PERSONAS

150	GRAMOS DE ARROZ DE GRANO MEDIO
1	LITRO DE LECHE
150	GRAMOS DE AZÚCAR
1	CUCHARADA SOPERA DE MANTEQUILLA
	UNA PIZCA DE SAL
	LA CORTEZA DE 1/2 LIMÓN
1	CANUTILLO DE CANELA Y UN POCO DE CANELA MOLIDA

Hervir la leche con la canela y la corteza de limón. Echar en ella el arroz, remover y cocer, a fuego muy lento (mejor con difusor), durante 3/4 de hora aproximadamente, removiendo de vez en cuando con cuchara de madera.

Retirar la canela y la corteza de limón. Añadir entonces el azúcar, la mantequilla y la pizca de sal. Seguir conciendo, sin dejar de remover, durante 5 minutos más.

Pasar a una fuente y espolvorear con canela molida y azúcar.

Si se va a quemar por encima, dejar que se enfríe el arroz con leche en la fuente, poner el azúcar con la canela molida y luego quemar con una plancha de hierro candente.

ARROZ CON LECHE Y MERENGUE

INGREDIENTES:

PARA 4 PERSONAS

150	GRAMOS DE ARROZ DE GRANO MEDIO
1	LITRO DE LECHE
	LAS CORTEZAS DE 1/2 LIMÓN Y 1/2 NARANJA
150	GRAMOS DE AZÚCAR (4 CUCHARADAS SOPERAS)
2	HUEVOS
1	TARRO DE MERMELADA DE ALBARICOQUE
	CANELA EN POLVO

Hervir la leche con las cortezas de naranja y limón y el azúcar.

Añadir el arroz y cocerlo, a fuego lento, 30 minutos aproximadamente, removiendo a menudo hasta que esté cremoso.

Retirar del fuego, quitar las cortezas de naranja y limón y añadir las 2 yemas de huevo; mezclar y extender en una fuente de horno.

Cubrir con la mermelada de albaricoque.

Batir las claras de huevo a punto de nieve; incorporarles poco a poco una cucharada de azúcar.

Extender el merengue por encima de la mermelada formando picos.

Meter en el horno a gratinar hasta que se dore.

ARROZ «CONDÉ»

INGREDIENTES:

PARA 4 PERSONAS

100	GRAMOS DE ARROZ DE GRANO MEDIO
3/4	LITRO DE LECHE
200	GRAMOS DE AZÚCAR
1	VARITA DE VAINILLA
200	GRAMOS DE NATA MONTADA
1	TARRO DE 1/2 KILO DE MELOCOTÓN EN ALMÍBAR

Poner la leche en un recipiente al fuego con la vainilla.

Cuando hierva, echar el arroz, remover y dejar cocer a fuego muy lento durante 45 minutos dándole vueltas a menudo. Retirar la vainilla.

Cuando el arroz esté cocido, añadir el azúcar, remover sin parar durante 5 minutos y apartar del fuego. Dejar que se enfríe.

Sacar los melocotones del tarro y ponerlos sobre un colador para que escurran el almíbar.

Reservar dos mitades para adornar y triturar los otros en la batidora. Añadir este puré al arroz con leche

Humedecer con agua un molde o flanera, rellenar con la mezcla de arroz con leche, apretar un poco y dejarlo así durante 1 hora aproximadamente, en el frigorífico.

Desmoldar en una fuente y adornar con las dos mitades de melocotón cortadas en gajos y la nata montada alrededor.

BUDÍN DE ARROZ CON CREMA INGLESA

INGREDIENTES:

PARA 4 PERSONAS

150	GRAMOS DE ARROZ DE GRANO MEDIO
3/4	LITRO DE LECHE
120	GRAMOS DE AZÚCAR
100	GRAMOS DE PASAS DE CORINTO (4 CUCHARADAS)
2	HUEVOS
1/2	RAMA DE VAINILLA

PARA LA CREMA INGLESA:

1/2	LITRO DE LECHE
2	YEMAS
2 o 3	CUCHARADAS SOPERAS DE AZÚCAR
1	CUCHARADA SOPERA DE MAIZENA
1	CANUTILLO DE CANELA
	LA CORTEZA DE 1/2 LIMÓN

Poner las pasas en remojo con agua templada.

Poner la leche con la mitad del azúcar y vainilla en un recipiente al fuego. Cuando rompa a hervir, echar el arroz y una pizca de sal. Cocer a fuego lento 30 minutos removiendo a menudo.

Extender el arroz en una fuente y retirar la vainilla.

Añadir las pasas escurridas y las yemas. Batir las claras a punto de nieve, e incorporarlas con cuidado al resto de la mezcla. Encender el horno a temperatura caliente.

Caramelizar un molde de horno con el resto del azúcar. Verter la mezcla en él y meter a horno fuerte durante 15 minutos.

Dejar enfriar, desmoldar y servir con la crema inglesa aparte.

Preparación de la crema inglesa

Deshacer en frío las yemas con el azúcar, añadir la leche y la maizena; remover despacio hasta que esté todo diluido.

Poner entonces en un recipiente a fuego lento, agregar el limón y la canela, moviendo continuamente con una cuchara de madera;

Antes de que rompa a hervir, retirar del fuego y continuar removiendo, 2 o 3 minutos más.

Pasar a un cuenco de cristal y dejar enfriar.

CORONA DE ARROZ CON BIZCOCHOS

INGREDIENTES:

PARA 4 PERSONAS

100	GRAMOS DE ARROZ DE GRANO MEDIO
3/4	LITRO DE LECHE
150	GRAMOS DE AZÚCAR
20	GRAMOS DE BIZCOCHOS DE SOLETILLA
300	GRAMOS DE ÑATA MONTADA
1	TARRO DE MERMELADA DE FRESA
1	COPITA DE LICOR DE NARANJA

Poner la leche en un recipiente al fuego. Cuando hierva echar el arroz y cocer a fuego muy lento durante 1/2 hora aproximadamente, removiendo a menudo.

Cuando el arroz esté cocido, añadir el azúcar dándole vueltas durante 5 minutos y retirar del fuego. Dejar que se enfríe.

Mientras tanto cortar los bizcochos para que se acoplen en las paredes del molde que se vaya a utilizar.

Los recortes de los bizcochos se mezclan con la mermelada de fresa y se pasan por la batidora.

Cuando el arroz se haya enfriado, se mezcla con la mermelada de fresa y con la mitad de la nata montada.

Poner una copita de licor de naranja en un plato, añadiendo si se quiere un poquito de agua y pasar rápidamente los bizcochos para humedecerlos y que vayan acoplando en las paredes del molde.

Llenar el hueco central con el arroz y poner a helar.

Desmoldar sobre una fuente y adornar con la nata montada que se tenía reservada.

CREMA DE ARROZ CON AVELLANAS

INGREDIENTES:

PARA 4 PERSONAS

- 40 GRAMOS DE HARINA DE ARROZ
- 1/2 LITRO DE LECHE
- 150 GRAMOS DE AZÚCAR
- 1 CUCHARADA DE PASAS DE CORINTO
- 1 CUCHARADA DE AVELLANAS PICADAS
- 2 CUCHARADAS DE AZÚCAR DE CAÑA

Poner en remojo las pasas con un poco de agua templada.

Poner en un recipiente la leche, la harina de arroz y el azúcar.

Disolver primero en frío y después a fuego muy lento durante 20 minutos, removiendo a menudo.

Retirar del fuego, y cuando la crema esté templada, pasarla por un colador fino. Añadirle las pasas escurridas y las avellanas picadas.

Pasar a una fuente de horno, espolvorear con el azúcar de caña y gratinar 5 minutos.

Servir frío.

CREMA DE ARROZ CON LECHE TOSTADA

INGREDIENTES:

PARA 4 PERSONAS

100	GRAMOS DE ARROZ DE GRANO MEDIO
300	GRAMOS DE AZÚCAR
100	GRAMOS DE MANTEQUILLA
1 1/2	LITROS DE LECHE
	UNA PIZCA DE SAL
	UN TROCITO DE CANELA EN RAMA
	UN POCO DE CANELA MOLIDA

Hervir la leche con la canela en rama. Retirar la canela.

Echar el arroz, remover y cocer a fuego muy lento (mejor con difusor), durante hora y media o dos horas, removiendo a menudo con cuchara de madera. Ha de quedar como una crema suave.

Añadir la mantequilla, el azúcar y una pizca de sal. Cocer unos minutos más hasta que «ligue» la mezcla y quede homogénea.

Pasar a una fuente amplia y dejar enfriar.

Espolvorear con azúcar y canela molida.

Pasar por encima una plancha de hierro candente para tostar la crema.

CREMA DE ARROZ A LA NARANJA

INGREDIENTES:

PARA 4 PERSONAS

40	GRAMOS DE HARINA DE ARROZ
1/2	LITRO DE LECHE
150	GRAMOS DE AZÚCAR
	LA CORTEZA DE 1/2 NARANJA PEQUEÑA
1	COPITA DE LICOR DE NARANJA

Poner en un recipiente la leche, la harina de arroz, el azúcar y la corteza de naranja.

Disolver primero en frío y después a fuego muy lento, durante 20 minutos, removiendo a menudo.

Retirar la corteza de naranja y apartar del fuego.

Cuando la crema esté templada, pasarla por un colador fino, añadir el licor y poner en cuencos individuales.

Servir frío.

FLAN DE ARROZ CON ALMENDRA

INGREDIENTES:

PARA 4 PERSONAS

150	GRAMOS DE ARROZ DE GRANO MEDIO
3/4	LITRO DE LECHE
100	GRAMOS DE AZÚCAR
80	GRAMOS DE ALMENDRA MOLIDA (4 CUCHARADAS SOPERAS)
3	HUEVOS
4	CUCHARADAS SOPERAS DE CABELLO DE ÁNGEL
30	GRAMOS DE MANTEQUILLA
	LA CORTEZA DE 1/2 LIMÓN
1	CUCHARADA SOPERA DE PAN RALLADO

Poner a hervir la leche con la corteza de limón, en un recipiente al fuego. Añadir el arroz y cocer a fuego lento 30 minutos removiendo a menudo.

Sacar la corteza de limón, poner el azúcar y cocer 5 minutos más dándole vueltas con una cuchara de madera.

Pasar a una fuente y dejar enfriar.

Encender el horno (temperatura suave).

Batir los huevos, agregarles la almendra molida y el cabello de ángel y mezclar con el arroz.

Untar un molde de horno con mantequilla, espolvorearlo con pan rallado, verter en él la mezcla y cocer a horno suave 30 minutos.

Dejar enfriar y desmoldar sobre una fuente.

«MENJAR BLANC» (MANJAR BLANCO)

INGREDIENTES:

PARA 4 PERSONAS

- 85 GRAMOS DE HARINA DE ARROZ
- 1 LITRO DE LECHE
- 200 GRAMOS DE AZÚCAR
- 3 CUCHARADAS DE MAIZENA
- LA CORTEZA DE 1/2 LIMÓN
- 1 CANUTILLO DE CANELA
- 1 VASITO DE AGUA DE ROSAS

Poner 1/2 litro de leche, repartido, en dos tazas.

Desleír en una el azúcar y en la otra la harina de arroz y la maizena.

Pasar el contenido de las dos tazas por un colador fino e ir vertiendo sobre él la leche restante.

Ponerla en un recipiente al fuego, añadir la corteza del limón y la canela y, cocer a fuego muy lento, durante 20 minutos, removiendo a menudo con cuchara de madera.

Retirar el limón y la canela, apartar del fuego, añadir el agua de rosas, remover mezclándola y pasarlo a una fuente, dejándolo enfriar antes de servir.

MOLDE DE ARROZ CON FRUTAS

INGREDIENTES:

PARA 4 A 6 PERSONAS

- 4 PLÁTANOS
- 2 NARANJAS
- 2 MANDARINAS
- 2 MANZANAS
- 1 TARRO DE MERMELADA DE ALBARICOQUE
- 1 DECILITRO DE AGUA (1 TACITA)
- 80 GRAMOS DE AZÚCAR (3 CUCHARADAS SOPERAS)

PARA EL ARROZ CON LECHE:

- 150 GRAMOS DE ARROZ DE GRANO MEDIO
- 3/4 LITRO DE LECHE
- 150 GRAMOS DE AZÚCAR
- 1 CUCHARADA DE MANTEQUILLA
- UNA PIZCA DE SAL

Preparar el arroz con leche según la RECETA CLÁSICA DEL ARROZ CON LECHE. Ponerlo en un molde de corona.

Preparar un almíbar con el agua y el azúcar, cociéndolo 5 minutos, en una cazuela al fuego.

Escaldar las frutas en pequeñas cantidades. Sacarlas y reservarlas.

Desmoldar el arroz con leche y poner estas frutas en el centro.

Mezclar el almíbar que haya sobrado con el tarro de mermelada de albaricoque y verterlo por encima del arroz con leche.

MOLDES DE ARROZ CON CHOCOLATE

INGREDIENTES:

PARA 4 PERSONAS

- 100 GRAMOS DE ARROZ DE GRANO MEDIO
- 3/4 LITRO DE LECHE
- 150 GRAMOS DE AZÚCAR
- 200 GRAMOS DE CHOCOLATE FONDANT
- 5 TERRONES DE AZÚCAR
- 1 TACITA DE AGUA

Poner leche en un recipiente al fuego. Cuando hierva, echar el arroz y cocer, a fuego muy lento, 1/2 hora aproximadamente, removiendo a menudo.

Cuando el arroz esté cocido, añadir el azúcar dándole vueltas durante 5 minutos y retirar del fuego.

Extender en una fuente para que se enfríe.

Rallar media pastilla de chocolate o sacarle virutas finas con un cuchillo.

Cuando el arroz esté totalmente frío, mezclarlo con el chocolate rallado y llenar unos moldes individuales.

Poner en una cacerola la otra media pastilla de chocolate partida en trozos, los terrones de azúcar y la tacita de agua.

Calentarlo a fuego lento removiendo y dejarlo cocer hasta que espese un poco.

Desmoldar el arroz sobre una fuente y servir aparte el chocolate caliente.

PASTEL DE ARROZ

INGREDIENTES:

PARA 4 PERSONAS

- 125 GRAMOS DE ARROZ DE GRANO MEDIO
- 75 GRAMOS DE AZÚCAR
- 1/2 LITRO DE LECHE
- 3 HUEVOS
- 50 GRAMOS DE PASAS SULTANAS
- 50 GRAMOS DE CIRUELAS PASAS SIN HUESO
- 1 TROCITO DE CORTEZA DE LIMÓN
- 1 CUCHARADITA DE MANTEQUILLA

PARA LA SALSA DE ALBARICOQUE:

- 1/2 TARRO DE MERMELADA DE ALBARICOQUE
- 3 CUCHARADAS SOPERAS DE AZÚCAR
- 1 VASITO DE AGUA
- 1 VASITO DE COÑAC

Poner a remojo las pasas con agua templada.

Trocear finas las ciruelas.

Poner la leche a calentar en una cazuela al fuego con una pizca de sal y la corteza de limón.

Cuando rompa a hervir, echar el arroz, remover, tapar y cocer, a fuego lento, durante 30 minutos.

Retirar del fuego, quitar la corteza de limón.

Separar las claras de huevo de las yemas.

Untar un molde de rosca con mantequilla.

Encender el horno a temperatura media.

Batir las claras a punto de nieve.

Agregar el azúcar, las pasas y las ciruelas al arroz con leche; a continuación las 3 yemas. Mezclar bien y añadir las claras a punto de nieve.

Verter con cuidado en el molde, tapar con papel de aluminio y meter al horno, a temperatura media, durante 45 minutos en una bandeja con dos dedos de agua.

Sacar del horno, dejar reposar 15 minutos y desmoldar.

Servir con salsa de albaricoque.

SALSA DE ALBARICOQUE

Disolver el azúcar con el agua, en un recipiente al fuego.

Mezclar la mermelada, añadir el coñac, cocer 10 minutos a fuego lento.

Retirar del fuego y pasar por un colador fino.

PASTEL DE ARROZ CON KIWIS

INGREDIENTES:

PARA 4 A 6 PERSONAS

3	KIWIS
50	GRAMOS DE PASAS DE CORINTO
1	TARRO DE MERMELADA DE FRAMBUESA

PARA EL ARROZ CON LECHE:

150	GRAMOS DE ARROZ DE GRANO MEDIO
3/4	LITRO DE LECHE
150	GRAMOS DE AZÚCAR
1	CUCHARADA SOPERA DE MANTEQUILLA
	UNA PIZCA DE SAL

Poner las pasas en remojo con agua templada durante 1 hora.

Preparar un arroz con leche según la RECETA CLÁSICA DEL ARROZ CON LECHE.

Escurrir las pasas y mezclarlas con el arroz con leche.

Ponerlo en un molde o flanero ligeramente humedecido.

Pelar y cortar en rodajas los kiwis.

Desmoldar el pastel de arroz, colocar por encima y alrededor las rodajas de kiwis y servir con la mermelada de frambuesa en un recipiente aparte.

POSTRE DE ARROZ CON ALBARICOQUES

INGREDIENTES:

PARA 4 PERSONAS

12	ALBARICOQUES GRANDES
125	GRAMOS DE NATA MONTADA
100	GRAMOS DE AZÚCAR
1	DECILITRO DE AGUA (1 TACITA)

PARA EL ARROZ CON LECHE:

150	GRAMOS DE ARROZ DE GRANO MEDIO
3/4	LITRO DE LECHE
150	GRAMOS DE AZÚCAR
	UNA PIZCA DE SAL
1	CUCHARADITA DE MANTEQUILLA

Deshacer en un recipiente al fuego los 100 gramos de azúcar con 1 decilitro de agua y preparar un almíbar, cociéndolo 5 minutos.

Lavar, partir y deshuesar los albaricoques, sin pelarlos. Escalfarlos 5 minutos en el almíbar hirviendo.

Escurrirlos y dejarlos enfriar.

Preparar un arroz con leche según la RECETA CLÁSICA DEL ARROZ CON LECHE.

Ponerlo en una fuente redonda, extenderlo y dejarlo enfriar.

Cubrirlo luego con la nata montada.

Colocar las mitades de albaricoques adornando, y meter en la nevera hasta el momento de servir.

POSTRE DE ARROZ CON PERAS EN ALMÍBAR

INGREDIENTES:

PARA 4 PERSONAS

100 GRAMOS DE GRANO MEDIO
1 LITRO DE LECHE
100 GRAMOS DE AZÚCAR
1 VARITA DE VAINILLA
LA CORTEZA DE 1/2 LIMÓN
1 LATA DE 1 KILOGRAMO DE PERAS EN ALMÍBAR
2 CUCHARADAS SOPERAS DE AZÚCAR CON UN POCO DE CANELA MOLIDA

Poner a hervir la leche con la vainilla y la corteza de limón, en un recipiente al fuego. Añadir el arroz y cocer a fuego lento 30 minutos, removiendo a menudo hasta que espese.

Sacar la corteza de limón y la vainilla, poner el azúcar y cocer 5 minutos más dándole vueltas con una cuchara de madera.

Pasar a una fuente y espolvorear con azúcar o canela molida.

Dejar enfriar.

Sacar las peras del almíbar y dejarlas escurrir.

Partirlas en mitades o en cuartos y colocarlas sobre el arroz.

POSTRE DE ARROZ CON MERENGUE Y MANZANAS

INGREDIENTES:

PARA 4 A 6 PERSONAS

- 150 GRAMOS DE ARROZ DE GRANO MEDIO
- 1 LITRO DE LECHE
- 100 GRAMOS DE AZÚCAR
- 2 CUCHARADAS SOPERAS DE AZÚCAR GLAS CON VAINILLA
- 2 MANZANAS
- 2 HUEVOS
- 1 CUCHARADA SOPERA DE MANTEQUILLA

Poner la leche en un recipiente al fuego.

Cuando hierva, echar el arroz, remover y cocer a fuego muy lento durante 1/2 hora aproximadamente. Añadir el azúcar, cocer 5 minutos más sin dejar de remover y retirar del fuego.

Pelar las manzanas y cortarlas en gajos finos, quitándoles corazón y pepitas.

Poner la mantequilla en una sartén al fuego y saltear los gajos de manzana.

Cuando el arroz esté tibio, añadir las yemas de huevo y mezclar.

Untar ligeramente con mantequilla un molde para horno (de barro refractario o de pyrex).

Poner una capa de arroz y colocar encima una capa de gajos de manzana.

Batir las claras a punto de nieve firme, añadiéndoles, al final, 2 cucharadas soperas de azúcar con vainilla.

Extender este merengue sobre las manzanas formando un pico.

Meter a gratinar en el horno un momento y servir de inmediato en el mismo molde.

POSTRE DE ARROZ CON AZÚCAR DE CAÑA

INGREDIENTES:

PARA 4 PERSONAS

100	GRAMOS DE ARROZ DE GRANO MEDIO
3/4	LITRO DE LECHE
150	GRAMOS DE AZÚCAR BLANQUILLA
	CANELA EN RAMA
	UNA PIZCA DE SAL
6	CUCHARADAS SOPERAS DE AZÚCAR DE CAÑA
150	GRAMOS DE FRUTAS CONFITADAS

Poner la leche en un recipiente al fuego con la canela. Cuando hierva, echar el arroz, remover, tapar y dejar cocer a fuego muy lento durante 45 minutos, dándole vueltas de vez en cuando.

Cuando el arroz esté cocido, añadir el azúcar blanquilla, remover sin parar durante 5 minutos y retirar del fuego.

Quitar la canela y extender sobre una fuente de horno.

Espolvorear con el azúcar de caña y gratinar 5 minutos en el horno.

Servir muy frío y adornarlo con las frutas confitadas.

TORTILLA DULCE

INGREDIENTES:

PARA 4 A 6 PERSONAS

150 GRAMOS DE ARROZ DE GRANO MEDIO
3/4 LITRO DE LECHE
8 CUCHARADAS SOPERAS DE AZÚCAR
1 VASITO DE RON
40 GRAMOS DE PASAS DE CORINTO *
120 GRAMOS DE FRUTA ESCARCHADA
4 HUEVOS
50 GRAMOS DE MANTEQUILLA
1 VAINA DE VAINILLA, CANELA MOLIDA

Poner las pasas a remojo en el ron durante 1 hora.

Poner la leche en un recipiente, al fuego, con el azúcar y la vainilla. Añadir el arroz y cocer, a fuego lento, 20 minutos.

Extender sobre una fuente, retirar la vainilla.

Dejar enfriar. Trocear la fruta escarchada.

Mezclar el arroz cocido con las pasas, el ron y con la fruta escarchada.

Batir los huevos. Fundir la mantequilla en una sartén amplia al fuego y hacer una tortilla redonda.

Apenas esté cuajada por una parte, darle la vuelta, colocar en el centro el arroz con la mezcla de frutas y doblar los bordes uno sobre otro para que quede cerrada como un paquete.

Pasar a una fuente y espolvorear con una pizca de canela molida.

TORTITAS DULCES DE ARROZ

INGREDIENTES:

PARA 4 A 6 PERSONAS

- 150 GRAMOS DE ARROZ DE GRANO MEDIO
- 3/4 LITRO DE LECHE
- 4 CUCHARADAS SOPERAS DE AZÚCAR
- LA CORTEZA RALLADA DE 1 LIMÓN
- 2 HUEVOS
- ACEITE DE OLIVA PARA FREÍR Y HARINA PARA REBOZAR
- 2 CUCHARADAS SOPERAS DE AZÚCAR

Poner la leche en un recipiente al fuego, con la ralladura de limón. Cuando hierva añadir las 4 cucharadas de azúcar y el arroz.

Cocer a fuego lento 30 minutos. Sacar, pasar a una fuente y dejar reposar una noche en la nevera.

Al día siguiente, formar unas tortitas y pasarlas por harina y huevo batido.

Freír en aceite abundante y caliente. Escurrir sobre papel celulosa de cocina.

Espolvorear con azúcar glass y servir.

Bebidas de arroz

Bebidas de arroz

El arroz, por sus especiales propiedades, y en particular la astringente, se ha utilizado como remedio desde hace siglos en forma de bebida o infusión.

El agua de arroz, concretamente, puede tomarse sola o incluso mezclada con leche, en determinados casos. Para hacerla más agradable puede aromatizarse, además del limón, con canela, café o vainilla.

Las horchatas de arroz o de chufas con arroz son especialmente agradables y refrescantes en verano.

AGUA DE ARROZ

100	GRAMOS DE ARROZ DE GRANO MEDIO
1	LITRO SE AGUA
	LA CORTEZA DE 1 LIMÓN O 1 CUCHARADITA DE GRANOS DE ANÍS
200	GRAMOS DE AZÚCAR

Hervir el arroz con el litro de agua, a fuego lento, durante 30 o 40 minutos, hasta que el líquido esté un poco denso.

Pasar por colador fino y añadir la corteza de limón o una cucharadita de granos de anís. Agregar el azúcar, y disolver.

Dejar enfriar, filtrar nuevamente y tomar en ayunas.

HORCHATA DE ARROZ

INGREDIENTES:

PARA 4 PERSONAS

200	GRAMOS DE ARROZ DE GRANO MEDIO
1	LITRO DE AGUA
	LA CORTEZA DE 1 LIMÓN
250	GRAMOS DE AZÚCAR

Poner en remojo el arroz con agua fría durante 24 horas, añadiéndole la corteza de limón.

Al día siguiente, triturarlo en batidora hasta conseguir una masa suave, retirando previamente la corteza de limón.

Pasar por un colador fino, añadiéndole poco a poco 2 vasos más de agua.

Agregar el azúcar, disolverlo y poner a enfriar en el frigorífico.

HORCHATA DE ARROZ Y CHUFAS

INGREDIENTES:

PARA 4 PERSONAS

150	GRAMOS DE ARROZ DE GRANO MEDIO
100	GRAMOS DE CHUFAS
1/2	LITRO DE AGUA
250	GRAMOS DE AZÚCAR
	LA CORTEZA DE 1 LIMÓN
1	CANUTILLO DE CANELA

Limpiar las chufas quitando las defectuosas.

Ponerlas en remojo con agua que las cubra durante 12 horas.

Poner también, en remojo aparte, el arroz, con 1 litro de agua, durante 12 horas, con la corteza de limón. Retirarla pasado ese tiempo.

Tirar el agua del remojo de las chufas, enjuagarlas y volverlas a elegir retirando las defectuosas.

Poner en la batidora el arroz con su agua de remojo y las chufas escurridas. Triturar. Dejar en reposo 2 horas con la canela.

Pasar por un colador fino poco a poco, presionando para extraer todo el jugo. Retirar la canela. Añadir el azúcar, disolverlo removiendo bien. Enfriar en frigorífico o granizar.

Índice por materias

Arroces con carnes de ave o caldo de carne

Arroces con carnes de cerdo

Arroces con carnes de caza

Arroces con pescados

Arroces con bacalao

Arroces con verduras y legumbres

Arroces blancos con carnes, pescados, jamón y queso

Arroces blancos con frutas y verduras

Frituras y guarniciones

Ensaladas de arroz

Arroces de otros países

El arroz integral

Wild-rice o arroz silvestre

Postres de arroz

Bebidas de arroz

Índice general

LA PAELLA VALENCIANA

LOS ARROCES TRADICIONALES

LOS ARROCES BLANCOS